utb 4406

Eine Arbeitsgemeinschaft der Verlage

Brill | Schöningh – Fink · Paderborn
Brill | Vandenhoeck & Ruprecht · Göttingen – Böhlau · Wien · Köln
Verlag Barbara Budrich · Opladen · Toronto
facultas · Wien
Haupt Verlag · Bern
Verlag Julius Klinkhardt · Bad Heilbrunn
Mohr Siebeck · Tübingen
Narr Francke Attempto Verlag – expert verlag · Tübingen
Psychiatrie Verlag · Köln
Ernst Reinhardt Verlag · München
transcript Verlag · Bielefeld
Verlag Eugen Ulmer · Stuttgart
UVK Verlag · München
Waxmann · Münster · New York
wbv Publikation · Bielefeld
Wochenschau Verlag · Frankfurt am Main

Monika Hoffmann

Deutsch fürs Lehramt

Verstehen, üben, weitergeben

BRILL | SCHÖNINGH

Die Autorin:
Monika Hoffmann ist promovierte Sprachwissenschaftlerin. Sie unterrichtet Deutsch in der Erwachsenenbildung.

Umschlagabbildung:
Fotolia #62252180 © igor

Online-Angebote oder elektronische Ausgaben sind erhältlich unter **www.utb.de**

Bibliografische Information der Deutschen Nationalbibliothek

Die Deutsche Nationalbibliothek verzeichnet diese Publikation in der Deutschen Nationalbibliografie; detaillierte bibliografische Daten sind im Internet über http://dnb.d-nb.de abrufbar.

Koninklijke Brill NV umfasst die Imprints Brill, Brill Nijhoff, Brill Hotei, Brill Schöningh, Brill Fink, Brill mentis, Vandenhoeck & Ruprecht, Böhlau, V&R unipress und Wageningen Academic.

Internet: www.schoeningh.de

Printed in Germany.
Herstellung: Brill Deutschland GmbH, Paderborn
Einbandgestaltung: Atelier Reichert, Stuttgart

UTB-Band-Nr: 4406
ISBN 978-3-8252-4406-4
eISBN 978-3-8385-4406-9

Inhalt

Lösungsschlüssel im Internet unter
www.utb-shop.de/deutsch_furs_lehramt-8642.html

Vorwort

Gewiss ist sprachliche Bildung in der Schule nicht alles, aber ohne sprachliche Bildung ist alles nichts. Es ist auch nicht allein der Deutschunterricht, der das sprachliche Vermögen der Schüler zu schulen hat. Den richtigen, gewandten Umgang mit Sprache zu vermitteln ist vielmehr eine Querschnittsaufgabe aller Unterrichtsfächer. Das heißt nicht, dass jeder Mathematik-, Chemie- oder Politiklehrer Ersatz-Deutschlehrer sein muss. Aber es ist sehr im Interesse auch seines eigenen Faches, dass die Schüler mit den jeweiligen Sachverhalten sprachlich korrekt umgehen. So gesehen ist es gut, wenn der vorliegende Band Lehrern aller Fächer sprachlich ein wenig zur Hand geht und sie nach Abitur und Lehramtsstudium noch einmal für die deutsche Sprache sensibilisiert.

Josef Kraus
Präsident des Deutschen Lehrerverbandes (DL)

Wozu *Deutsch fürs Lehramt* gut ist

Deutsch fürs Lehramt bietet Rechtschreibung und Grammatik für diejenigen, die *nicht* Deutsch studieren, jedoch im Hinblick auf ihr eigenes Unterrichten vertiefte Sprachkenntnisse brauchen. Warum solche vertieften Kenntnisse nötig sind, das können Sie sich leicht ausmalen.

Stellen Sie sich vor, Sie stehen vor einer Gruppe und eröffnen Ihr Thema mit einem Brainstorming. *Sie* sind die Person, die die Zurufe an die Tafel schreibt. Eine Teilnehmerin ruft „aggressiv". Sie schreiben „ag-" und geraten ins Stocken. Dann schreiben Sie „agressiv". Prompt ernten Sie eine hämische Bemerkung. Sie sind verunsichert, und alle haben es gemerkt.

Nächste Szene: Sie haben Arbeiten zurückgegeben. Am nächsten Tag kommt eine Schülerin, deren Mutter sehr gut aufpasst, deutet auf ein Wort, bei dem Sie die Kleinschreibung als Fehler markiert haben, und sagt: „Das war richtig so. Das *wird* kleingeschrieben. Meine Mutter sagt das auch." Können Sie Ihre Korrektur verteidigen? Können Sie nachvollziehbar erklären, warum das Wort an der Stelle großzuschreiben ist?

Nächste Szene: Sie fordern einen Schüler auf, bitte in ganzen Sätzen zu antworten. Prompt kommt zurück: „Was ist denn ein Satz?" Haben Sie sich darüber schon einmal Gedanken gemacht? Können Sie eine Erklärung liefern, die anderen tatsächlich dabei hilft, einerseits vollständige, andererseits überschaubare Sätze zu bilden?

Alle drei Szenen zeigen ein und dasselbe: Solide Grundlagen in Deutsch helfen Ihnen, Ihren Unterricht glaubhaft und sicher zu bestreiten. Das gilt für alle Fächer und für alle Schulformen bis hin zur Erwachsenenbildung: für die Arbeitslehre in der Hauptschule genauso wie für Biologie im Gymnasium, Wirtschaftslehre in der Berufsschule, Soziale Arbeit an der Fachhochschule oder Textverarbeitung an der Volkshochschule.

Deutsch spielt selbst dann eine Rolle, wenn es auf den ersten Blick nicht danach aussehen mag. Nehmen Sie als Beispiel das Fach Physik. Hier kommt es darauf an, dass die Formeln stimmen. Das ist wohl wahr. Aber neben den Formeln müssen eben *auch* die Sätze stimmen. Und Sie als Lehrkraft müssen erklären können, warum der Satz „Bei dem Versuch wir zeigen …" falsch ist und warum es heißen muss „Bei dem Versuch zeigen wir …" In diesem Sinne hat 2013 selbst ein

Gericht entschieden: Das Verwaltungsgericht Kassel wies die Klage eines angehenden Physiklehrers ab, der wegen unzulänglicher Deutschkenntnisse durchs Examen gefallen war. Von angehenden Lehrkräften, so heißt es in der Begründung, müsse verlangt werden, „dass die Bewerberin oder der Bewerber mit Rücksicht auf seine künftige Aufgabe, Schülerinnen und Schülern Wissensstoff zu vermitteln, die deutsche Sprache letztlich fehlerfrei beherrscht." Sie können das Urteil selbst lesen; es ist im Internet abrufbar unter dem Aktenzeichen 3 K 1407/11.KS.

Jenseits der Pflicht gibt es noch einen weiteren Grund, warum Sie sprachlich firm sein sollten: Das ist der Bildungsauftrag oder auch Ihr persönliches Bestreben, den Lernenden etwas Gutes mitzugeben. Dazu gehört auf jeden Fall die Fähigkeit zu lesen und zu schreiben. Klar, man kann darauf verzichten und sich von Piktogrammen, Blinksignalen und Videoclips durchs Leben leiten lassen. Möglich ist das schon. Doch wer etwas aus sich machen will, wer sich die vielen Möglichkeiten des Lebens erschließen will, kommt am Lesen und Schreiben nicht vorbei. Und Sie als Lehrkraft haben einen großen Einfluss darauf, wie gut es klappt.

Nach den triftigen Gründen bleibt noch die Frage, *wie viel* Deutsch Sie (erklären) können müssen, um Ihrem Auftrag gerecht zu werden. Die gute Nachricht ist: Sie brauchen kein Zweitstudium in Germanistik hinzulegen. Sie brauchen *nicht* in die wissenschaftlichen Tiefen der Grammatik vorzudringen. Sie brauchen auch *nicht* in allen Einzelheiten, Eventualitäten und Ausnahmen Bescheid zu wissen. Was Sie brauchen, ist Brot und Butter: eine sichere Rechtschreibung und ein Grundverständnis der grammatischen Zusammenhänge. Damit wären Sie hinreichend ausgestattet für Ihre Mission.

Deutsch fürs Lehramt ist ein einfaches Hilfsmittel. Hier können Sie die Grammatik, Rechtschreibung und Zeichensetzung, die Sie irgendwann im Laufe Ihrer Schulzeit mitgekriegt oder auch versäumt haben, im Zusammenhang sehen, als sinnvolles Ganzes verstehen und in Übungen anwenden. Am Ende sollen Sie besser schreiben können; Sie sollen wissen, was Sie tun, wenn Sie schreiben; und Sie sollen über die Sprache sprechen können.

Zum Vorgehen: *Deutsch fürs Lehramt* ist in zehn Lektionen unterteilt. Sie folgen dem Weg von Lauten und Buchstaben über Wörter und Sätze bis hin zu den Satzzeichen. Die zehnte Lektion dient der Wiederholung. So bauen die Lektionen aufeinander auf, und Sie tun gut daran, diesem Aufbau zu folgen. Das erleichtert Ihnen das Verstehen. Ein gutes Beispiel dafür ist das Komma in der neunten Lektion. Wenn Sie kalt dort einsteigen, wird es Ihnen womöglich schwierig vorkommen. Haben Sie sich jedoch vorher mit dem Satzbau beschäftigt, ist das Komma ein Klacks.

Am Anfang einer jeden Lektion wird der Stoff erklärt und anhand von Beispielen vorgeführt. Dabei werden nur die grammatischen Fachausdrücke verwendet, die Sie auch kennen sollten; ansonsten wird auf Allgemeinverständlichkeit geachtet. Beides sollten Sie sich so aneignen, dass Sie es aktiv einsetzen können. Nutzen Sie dazu die Fragen am Ende der Ausführungen. Indem Sie die beantworten, testen Sie Ihr eigenes Verständnis und üben gleichzeitig das Erklären. Zur Kontrolle können Sie in den Lösungsschlüssel schauen. Den finden Sie im Internet unter www.utb-shop.de/9783825244064.

Im zweiten Teil der Lektionen folgen die Übungen. Sie verdeutlichen den Stoff, machen auf seine spezifischen Fallstricke aufmerksam und zwingen Sie zum genauen Hinsehen. Letzteres ist besonders wichtig, wenn Sie zur Flüchtigkeit neigen. Bei einem großen Teil der Übungen geht es darum, die jeweils richtige Lösung zu erkennen. Bei anderen Übungen wiederum sind Sie gefordert, selbst Lösungsvorschläge zu entwickeln. Hier lernen Sie neben dem eigentlichen Stoff noch einen weiteren Bestandteil guten Schreibens: das ständige Abwägen und Revidieren. Wie Sie mit Ihren Ergebnissen liegen, das können Sie wieder anhand des Lösungsschlüssels prüfen.

Deutsch fürs Lehramt ist, wie gesagt, Brot und Butter. Wenn Sie mehr wissen möchten, können Sie den Titeln nachgehen, die unter den Literaturtipps aufgeführt sind. Wenn Sie sich aber einfach nur eine solide Grundlage schaffen möchten, sodass Sie beim Unterrichten fest auf den Beinen stehen, dann legen Sie jetzt los. Üben macht schlau!

Erste Lektion
Buchstabenfolge: Regelmäßigkeiten beachten

In dieser Lektion vergegenwärtigen Sie sich die wichtigsten Prinzipien der Rechtschreibung: das Lautprinzip und das Stammprinzip. Sie sehen, wie Kurz- und Langvokale markiert werden, und begegnen dabei sowohl den Doppelkonsonantenbuchstaben als auch dem Dehnungs-h. Die gemeinhin als schwierig empfundene Schreibung der s-Laute schauen Sie sich gesondert an, ebenso die Schreibung mit d, t *und* dt. *Für den Umgang mit Verwechslungskandidaten und mit Fremdwörtern finden Sie eine praktische Herangehensweise.*

Nutzwert

Der Wortschatz ist ein weites Feld. Wenn Sie in jedem Wort einen Einzelfall sehen, ist die Rechtschreibung kaum zu bewältigen. Sobald Sie jedoch das System erkennen, können Sie Gruppen von Wörtern auf einmal erfassen. Je besser Sie mit den Prinzipien und Regeln der Rechtschreibung vertraut sind, desto mehr Schreibweisen können Sie herleiten und erklären.

Laute und Buchstaben

Die gesprochene Sprache besteht aus Lauten, die geschriebene Sprache aus Buchstaben. Laute und Buchstaben sind einander zugeordnet. Allerdings besteht dabei kein 1:1-Verhältnis. Das ist schon deshalb nicht möglich, weil es weit mehr Laute gibt als Buchstaben. Also kann ein Buchstabe mehrere Laute wiedergeben. Nehmen Sie als Beispiel den Vokalbuchstaben *e*. Er wird lang gesprochen in *Emil*, kurz in *Emma* und fast verschluckt in *Sabine*. Umgekehrt kann ein Laut durch verschiedene Buchstaben(kombinationen) markiert werden. Denken Sie an den [f]-Laut mit *Phänomenen* wie *vergessenen Ferkeln*.

Lautprinzip

Das Lautprinzip ist die Grundlage der Rechtschreibung. Es nutzt die systematische Zuordnung von Lauten und Buchstaben und besagt, dass man Wörter so schreibt, wie man sie spricht. Das Lautprinzip ist ein guter Grund, eine deutliche Aussprache zu pflegen.

Bauen Sie beim Unterrichten auf das Lautprinzip, indem Sie deutlich sprechen.

Stammprinzip

Das Stammprinzip bezieht sich auf den Wortstamm. Das ist der Grundbaustein eines Wortes, der auch die Bedeutung trägt. Das Stammprinzip besagt, dass bei Ableitungen oder gebeugten Formen der Wortstamm möglichst wenig oder gar nicht verändert werden soll. Die Herkunft eines Wortes soll immer zu erkennen sein.

Nach dem Stammprinzip wird aus dem Wortstamm *lachen* das *Gelächter* (und nicht das **Gelechter*), aus *bauen* wird das *Gebäude* (und nicht das **Gebeude*), aus *nehmen* wird *nahm* und *Annahme* (alle mit *h*), aus *Name* wird *namhaft* und *nämlich* (alle ohne *h*). Wenn bei Zusammensetzungen drei gleiche Buchstaben aufeinandertreffen, werden alle drei ausgeschrieben. So wird aus *Kaffee* und *Export* der *Kaffeeexport* (alternativ: *Kaffee-Export*), aus *Müll* und *Lager* das *Mülllager* (alternativ: *Müll-Lager*), aus *Kamm* und *Molch* der *Kammmolch* (alternativ: *Kamm-Molch*).

Das Stammprinzip durchbricht das Lautprinzip. Es ist verantwortlich dafür, dass Wörter oder Wortbestandteile, die sich gleich anhören, trotzdem unterschiedlich geschrieben werden. Nehmen Sie die Beispiele *nahm* und *namhaft* von oben. Hier reicht Hinhören allein nicht aus; vielmehr muss man *wissen*, dass *nahm* von *nehmen* kommt und ein *h* im Stamm hat und dass *namhaft* von *Name* kommt und kein *h* im Stamm hat.

Bauen Sie auf das Stammprinzip, indem Sie Wörtern auf den Grund gehen. Zerlegen Sie die Wörter in ihre Bestandteile, zeigen Sie den Stamm und lassen Sie Wörter suchen, in denen der Stamm ebenfalls vorhanden ist.

Kurze und lange Vokale

Laute lassen sich in zwei Gruppen einteilen: Vokale (Selbstlaute) und Konsonanten (Mitlaute). Den Vokalen entsprechen die Vokalbuchstaben *a*, *e*, *i*, *o*, *u* sowie die Umlautbuchstaben *ä*, *ö*, *ü* und die Kombinationen für Diphthonge (Doppellaute) *au*, *ei*, *eu*, *ai* und *äu*. Die Konsonantenbuchstaben so wie *b*, *c*, *d*, *f*, *g* sind der große Rest.

Vokale und Umlaute können kurz oder lang gesprochen werden: *Ratte* : *Rate*; *essen* : *Esel; Igel : Iltis*. Doppellaute sind immer lang: *Raute, Eichel, Eule*. Kurze Vokale können betont sein so wie in *Kamm, picken* oder *Pollen* oder unbetont wie in *Kamel, pikieren* oder *polieren*. Lange Vokale sind in der Regel betont: *Kater, piepen, Polen*.

Kürze und Länge lassen sich am besten im Vergleich vorführen. Das können Sie testen, indem Sie sich die Gegensatzpaare in der folgenden Tabelle vorsagen.

	kurzer betonter Vokal	langer Vokal
a/ä	das Lamm, die Lämmer hart die Hacke	lahm, die Lähmung das Haar der Haken
e	betteln stellen hetzen	beten, das Beet stehlen, die Stele die Brezel
i	immer still der Spitz	ihm der Stiel der Spieß
o/ö	offen, öffnen die Sonde, die Sonne der Most	der Ofen, die Öfen der Sohn die Mosel, das Moos
u/ü	buddeln kurz der Müll	die Bude die Kur die Mühle

Neben den Unterschieden in der Vokallänge zeigen die Beispiele gleich noch etwas anderes: wie Länge und Kürze dargestellt werden. Am Vokalbuchstaben selbst sind sie nicht markiert; zu erkennen sind sie an der Abfolge der Buchstaben.

Abfolge nach einem kurzen betonten Vokal:

- **mehrere Konsonantenbuchstaben**
  Es folgen mehrere unterschiedliche Konsonantenbuchstaben im Wortstamm: *hart, Most, kurz*.
- **Verdoppelung des Konsonantenbuchstabens**
  Ein einzelner Konsonant wird in der Schreibung verdoppelt: *Lamm, betteln, offen*.
- ***ck* statt *k***
  Der Buchstabe *k* wird in ein *ck* umgewandelt (statt verdoppelt): *Hacke*.
- ***tz* statt *z***
  Der Buchstabe *z* wird ein *tz* umgewandelt (statt verdoppelt): *hetzen, Spitz*.

Bitte beachten Sie: Neben der Kürze spielt auch die Betontheit eine Rolle. Die Regeln gelten *nicht* für unbetonte Vokale. Vergleichen Sie dazu *Kappe* (mit betontem a-Laut und Doppel-p) und *Kapuze* (mit unbetontem a-Laut und einfachem *p*).

Abfolge nach einem langen Vokal:

- **einzelner Konsonantenbuchstabe**
  Es folgt ein einzelner Konsonantenbuchstabe im Wortstamm: *Haken, beten, Ofen*.
- **ein Dehnungs-h**
  In manchen Wörtern wird die Länge zusätzlich durch ein Dehnungs-h angezeigt: *lahm, stehlen, Mühle*. Diese Wörter sind nicht zu erklären; sie müssen gelernt werden.
- **ie-Schreibung**
  Der lange i-Laut wird in den meisten Wörtern als *ie* geschrieben: *Stiel, Spieß*. Die Kombination *ih* kommt nur im Pronomen und Artikelwort vor: *ihn, ihr*.
- **die Verdoppelung des Vokalbuchstabens**
  Bei einigen wenigen Wörtern werden die Vokalbuchstaben *a, e, o* verdoppelt: *Haar, Beet, Boot*. Beim dazugehörigen Umlaut jedoch entfällt die Verdoppelung: *Härchen, Bötchen*.

Machen Sie auf den Unterschied zwischen langen und kurzen Vokalen aufmerksam. Er ist vielen nicht bewusst. Von der Unterscheidung aus können Sie viele Schreibweisen erklären.

s-Laute

In der Standardaussprache werden zwei s-Laute unterschieden: der stimmhafte und der stimmlose. Der stimmhafte s-Laut klingt und schwingt wie ein Summen; er wird immer als einfaches *s* geschrieben. Der stimmlose s-Laut ist mehr ein Zischen; er wird je nach Umfeld als *s*, *ss* oder *ß* wiedergegeben.

Den stimmhaften s-Laut – also die Schreibung mit *s* – finden Sie in den folgenden Positionen:

- am Wortanfang vor einem Vokal: *die Sache, die Seife, der Sinn*
- im Wortinneren, wenn ein *l*, *m*, *n* oder *r* vorausgeht und ein Vokal folgt: *felsig, emsig, winseln, die Hirse*
- im Wortinneren – allerdings mit Ausnahmen –, wenn ein langer Vokal oder Doppellaut vorausgeht und ein Vokal folgt: *der Hase, die Meise, die Wiese*

Der stimmhafte s-Laut wird nicht in allen Gegenden gesprochen. Wenn Sie ihn nicht sprechen, achten Sie umso mehr auf die Positionen, in denen er standardsprachlich vorkommt.

Für die Wiedergabe des stimmlosen s-Lautes gelten die folgenden Regeln:

- Er wird als *ss* geschrieben, wenn er als alleiniger Konsonant auf einen kurzen Vokal folgt: *der Fluss, die Masse, sie fassten*. (Bitte beachten Sie: Bei *fassten,* der Vergangenheitsform von *fassen,* gehört das *t* nicht zum Wortstamm, sondern zur Beugungsendung.)
- Er wird als *ß* geschrieben, wenn er als alleiniger Konsonant auf einen langen Vokal oder Dopplelaut folgt: *fließen, mäßig, außen, beißen*.
- Er wird als *s* geschrieben, wenn der s-Laut im Wortstamm oder in der verlängerten Form stimmhaft ist: *die Maus* wegen *Mäuse*; *der Schmaus* wegen *schmausen*, *das Los* wegen *Lose*.
- Er wird als *s* geschrieben, wenn er in Verbindung mit anderen Konsonanten auftritt: *die Wespe, die Maske, fasten*.
- Er wird als *s* geschrieben in der Endung *-nis*: *das Zeugnis, die Erlaubnis, die Kenntnis*.

Bei den s-Lauten können Sie Sicherheit gewinnen und vermitteln, indem Sie immer wieder die Schreibweisen herleiten. Zum Beispiel: Der Vokal ist kurz, also folgt ss*; der Vokal ist lang, also folgt* ß.

d, t und *dt*

Der Buchstabe *d* steht für einen stimmhaften, weichen Laut, das *t* für einen stimmlosen, harten Laut. Den Unterschied können Sie deutlich hören, wenn die Laute mitten im Wort vorkommen: *die Wade : waten*; *der Boden : der Bote*; *die Räude : die Raute*. Am Ende eines Wortes oder einer Silbe jedoch klingen *d* und *t* gleich, und zwar hart. So klingt *der Bund* wie *bunt*, *das Rad* wie *der Rat* und *endgültig* wie **entgültig*. Diese Verhärtung am Endrand der Silbe, die so genannte Auslautverhärtung, wird beim Schreiben nicht abgebildet. Hier bleibt der Stamm erhalten. Das führt dazu, dass *d* und *t* häufig durcheinandergeraten.

Abhilfe schafft ein einfacher Test: die Erweiterungsprobe. Erweitern Sie *der Bund* zu *die Bundeskanzlerin*, *bunt* zu *buntem*, *das Rad* zu *radeln*, *der Rat* zu *raten*, *endgültig* zu *am Ende gültig*. In den erweiterten Formen sind die Laute so zu erkennen, wie sie geschrieben werden.

Die Buchstabenfolge *dt* ist – abgesehen von dem Wort *Stadt* – eine Beugungserscheinung bei Verben. Sie entsteht, wenn ein *d* im Stamm mit dem *t* einer Endung zusammentrifft, ohne dass ein *e* eingeschoben wird:

laden → *sie lädt*
senden → *sie sandte* [oder: *sendete*], *sie hat gesandt* [oder: *gesendet*]
wenden → *sie wandte* [oder: *wendete*], *sie hat gewandt* [oder: *gewendet*]

Die dt-Formen von *senden* und *wenden* tauchen auch in gängigen Ableitungen auf: *der Gesandte, die Gesandtschaft, versandt werden* (aber: *der Versand*); *angewandt, redegewandt, die Verwandten, die Verwandtschaft, zugewandt*. Hier noch ein Hinweis zum Gebrauch:

Beim Verb *senden* im Sinne von *schicken* werden die Formen mit *-a* bevorzugt; in technischen Zusammenhängen, so etwa bei E-Mails, stehen allein die Formen mit *-e*. Beim Verb *wenden* überwiegen die Formen mit *-a*; in der Bedeutung von *umdrehen* jedoch stehen allein die Formen mit *-e*.

Oft kommen Sie weiter, indem Sie Wörter drehen und wenden und von allen Seiten ansehen. Welcher Stamm ist zu erkennen? Wie sieht das Wort in veränderten Formen aus? Wie verhalten sich ähnliche Wörter?

Verwechslungskandidaten

Einige Wörter werden so oft verwechselt und falsch geschrieben, dass eine Sonderbehandlung nottut. Es geht um *seid : seit*, *wieder : wider*; *der Tod : tot*.

Die Verbform *seid* kommt von *sein* und steht in einer Reihe mit *sind*. Also können Sie sagen: *Ihr seid* wie *wir sind* mit *d*. Das Wort *seit* gibt immer einen Zeitpunkt oder eine Zeitspanne an: *seit der ersten Pause, seit wir uns kennen*. Also können Sie sagen: *seit* wie *Zeit* mit *t*.

ihr **seid** (wie *sind*)	**seit** (wie *Zeit*)
Ihr *seid* und wir *sind* dabei.	*Seit* der *Zeit* machen wir mit. *Seit* wir mitmachen, ist es gut.

Das Wort *wieder* ist ein Adverb (Umstandswort) und bedeutet *nochmals* oder *zurück*: *Mach das nie wieder! Bitte gib mir das wieder!* Das Wort *wider* ist eine Präposition (ein Verhältniswort) und bedeutet *gegen*. In Alleinstellung kommt *wider* nur noch selten vor, etwa in *wider Erwarten* oder im *Orden wider den tierischen Ernst*. Allerdings steckt es in etlichen Zusammensetzungen und Ableitungen.

wieder (nochmals)	**wider** (gegen)
etwas wiederholen *einen Text wiedergeben* *etwas wiedergutmachen* *wiederkäuen* *wiederum*	*der Widerstand* *widerwillig* *erwidern* *sittenwidrig* *widerlich, Widerling*

Die Wörter *Tod* und *tot* sind inhaltlich verwandt, gehören aber unterschiedlichen Wortarten an. Der *Tod* mit *d* ist ein Substantiv (Hauptwort). Das *d* lässt sich leicht mit der Erweiterungsprobe bestätigen: *die Stunde des Todes*. Das Wort *tot* mit *t* ist ein Adjektiv (Eigenschaftswort): *totes Gewebe*. So weit ist die Sache klar; schwierig wird sie erst bei Zusammensetzungen und Ableitungen. Hier muss man schauen, welche Fügung zugrunde liegt.

Tod (Substantiv)	**tot** (Adjektiv)
tödlich (den Tod bringend) *Todfeind* (Feinde bis auf den Tod) *Todsünde* (zum Tod führende Sünde) *todernst* (verstärkend) *todlangweilig* (verstärkend) *todmüde* (verstärkend)	*die Toten* *totenbleich* (bleich wie die Toten) *die Totgeburt* (tot geboren) *Totgeglaubte* (tot geglaubt) *totschlagen* (schlagen, bis sie tot sind) *der Totschlag* (von totschlagen)

Wenn Sie selbst auch Wörter haben, die Sie oft verwechseln und falsch schreiben, dann bauen Sie sich Eselsbrücken. Zum Beispiel:

> *Lärche* mit *ä* wie *Bäume*
> *Grieß* im *Kloß* mit *ß*
> *Mus* aus *Gemüse* mit *s*
> *Mine [Bergwerk]* wie das englische Wort *miner* mit einfachem *i*

Eselsbrücken müssen keine Sternstunden der Sprachwissenschaft sein; sie müssen nur halten.

Fremdwörter

Fremdwörter sind Wörter, die aus einer anderen Sprache ins Deutsche übernommen wurden und die sich Merkmale ihrer Herkunftssprache erhalten haben. Sie unterliegen also nicht im vollen Umfang den Regeln, die für den Erbwortschatz gelten. So findet zum Beispiel keine Dehnung nach deutschem Muster statt. Das Dehnungs-h kommt überhaupt nicht vor, das *ie* nur in den Endungen *-ie* (wie in *Chemie, Ironie*), *-ier* (wie in *Klavier, Papier*) oder *-ieren* (wie in *probieren, studieren*).

Wegen der unterschiedlichen Regeln für Fremdwörter und Erbwörter ist es zunächst einmal wichtig zu erkennen, wann überhaupt ein Fremdwort vorliegt. Denn nur mit dieser Erkenntnis gehen die Signallampen an, die eine Sonderbehandlung fordern. Als Nächstes ist Wissen um die Art der Sonderbehandlung gefragt. Das kann zum Beispiel der Verzicht auf ein *ie* sein (*Maschine* statt **Maschiene*) oder die Schreibung mit *th*, *ph* oder *rh* bei Wörtern aus dem Griechischen (*These, Philosophie, Rhombus*). Je größer das Sprachwissen, desto leichter können Wörter zugeordnet werden.

Letztlich liegt der Schlüssel zum Umgang mit Fremdwörtern darin, ihnen das Fremde zu nehmen, indem man sich mit ihnen vertraut macht. Fremdwörter sind Lernwörter. Wenn Sie in Ihrem Fach ein Fremdwort einführen, dann stellen Sie es mit allen Facetten vor: Herkunft, Bedeutung, Schreibweise und Gebrauch.

Bei den Fremdwörtern, die in der Alltagssprache kursieren, versichern Sie sich der richtigen Schreibweise, indem Sie nachschlagen. Dann sehen Sie, dass es *aggressiv* heißt und nicht **agressiv*. Das *ag-* ist die assimilierte Form der lateinischen Vorsilbe *ad-*, die *hinzu* bedeutet. Vergleichbare Fälle sind *ad-dieren*, *as-similieren* oder *at-traktiv*. Andererseits heißt es *asozial* und nicht **assozial*. Das *a-* steht für die Verneinung *un-* so wie bei *aseptisch*, *asexuell* oder *asymmetrisch*. Es heißt *korrigieren* und nicht **korregieren*. Denken Sie dabei an *rigide*. Legen Sie sich notfalls ein Vokabelheft an, in dem Sie Ihre persönlichen Stolpersteine eintragen. Helfen Sie sich mit Eselsbrücken.

Zum Schluss noch ein paar Takte zum Gebrauch: Verwenden Sie Fremdwörter nur da, wo sie inhaltlich angesagt sind. Zum Prahlen sind sie nicht geeignet. Sonst müssen Sie am Ende noch erklären, was ein *Renommist* ist.

Fragen

Stellen Sie sich vor, die folgenden Fragen kommen aus Ihrer Lerngruppe. Antworten Sie so viel wie nötig, so wenig wie möglich. Achten Sie darauf, dass Ihre Antworten schlüssig und nachvollziehbar sind. Nutzen Sie Beispiele zur Verdeutlichung.

1. Wie funktioniert die Rechtschreibung im Deutschen?

2. Woran erkenne ich, ob ein Konsonantenbuchstabe verdoppelt werden muss?

3. Woran erkenne ich, ob ein Wort mit *ss* oder *ß* geschrieben wird?

4. Wie kann ich feststellen, ob ein Wort auf *d* oder *t* endet?

5. Warum wird *Panne* mit Doppel-n geschrieben, *Panade* dagegen nur mit einem *n*?

Übungen

Erste Übung

Hier üben Sie, auf die Vokallänge zu achten und mit Gegensatzpaaren zu arbeiten. Bitte geben Sie für die markierten Stellen an, ob der Vokal kurz oder lang ist. Verdeutlichen Sie die Länge, indem Sie Gegenbeispiele nennen. Beispiel: *der Pudel* (lang): *der Pudding*.

1. die Tafel (lang) : der Taft
2. die Ecke (__________) : __________
3. der Stift (__________) : __________
4. die Pose (__________) : __________
5. die Schule (__________) : __________
6. prall (__________) : __________
7. reden (__________) : __________
8. irre (__________) : __________
9. toben (__________) : __________
10. müde (__________) : __________

Zweite Übung

Hier üben Sie, mit der Betonung zu arbeiten. Die vorgegebenen Wörter haben an der markierten Stelle einen unbetonten kurzen Vokal. Darauf folgt ein einzelner Konsonant. Bitte überlegen Sie sich Gegenbeispiele, in denen der entsprechende Vokal betont ist. Was ergibt sich daraus für die Schreibweise?

1. die Rakete : rackern (mit ck)
2. kaputt : __________
3. das Paket : __________
4. die Banane : __________
5. die Karotte: __________

6. das Kamel : ______________________________

7. das Kaninchen : ______________________________

8. der Galopp : ______________________________

9. spazieren : ______________________________

10. pikiert : ______________________________

Dritte Übung

Thema dieser Übung ist die Verdoppelung der Konsonantenbuchstaben. Bitte entscheiden Sie, ob die eingeklammerten Buchstaben einfach, doppelt oder – bei Zusammensetzungen – dreifach zu schreiben sind. Am besten schreiben Sie die Wörter als Ganzes auf.

1. Anna tri[f]t ____trifft____ sich mit einer Clique am Bahnhof. Sie hält das für einen tri[f]tigen ____________ Grund, nicht zum Unterricht zu erscheinen. Ich befürchte, sie dri[f]tet ____________ von ihrem guten Kurs ab.
2. Anton kann keine Spielka[m]eraden ____________ mit nach Hause bringen. Sein Zimmer ist kaum größer als eine Abstellka[m]er ____________ und reicht gerade mal für ein Bett.
3. Der Schla[m]a[s]el ____________ begann, als Ben sich bereit erklärte, übers Wochenende die Haustiere zu hüten. Die Hunde klä[f]ten ____________ ununterbrochen.
4. Durch Schla[m]a[s]en ____________ wurde das Gehö[f]t ____________ vom Rest der Welt abgeschnitten.
5. Es war he[l]ichter ____________ Tag, und de[n]och ____________ war es Ben mulmig zumute.
6. Nichts kla[p]te ____________. Am Ende fühlte er sich reif für die Kla[p]smühle ____________.
7. Wir suchen noch Mi[t]sänger ____________ für unseren Auftritt beim Mi[t]sommerfest ____________.

8. Auch die Balle[t]ruppe __________ kann Nachwuchs gebrauchen.
9. Ich arbeite gerne mit Pa[p]ier __________ und Pa[p]e __________. Wenn wir am Ende unsere Pa[p]lakate __________ aufhängen, freuen sich alle über die Ergebni[s]e __________.
10. Beachten Sie bitte, dass die Fenster nicht in einer Gri[f]drehung __________ aus der Ki[p]osition __________ in die Aufspe[r]position __________ gebracht werden können.

Vierte Übung

Thema dieser Übung sind die s-Laute. Bitte schließen Sie die Lücken mit den jeweils erforderlichen Buchstaben.

1. Sie beendete den Brief mit freundlichen Grü[__ß__]en. Die Adre[____]e mu[____]te sie nachschlagen, da sie die Stra[____]e verge[____]en hatte.
2. Die Mi[____]timmung flö[____]te ihm Unbehagen ein. Er wu[____]te nicht, wie er sich verhalten sollte.
3. Sie wei[____] sehr wohl, dass diese Lösung nicht der Wei[____]heit letzter Schlu[____] ist. Immerhin ist sie ein tragfähiger Kompromi[____].
4. Er ist stets em[____]ig bei der Arbeit. Ohne Flei[____] kein Prei[____].
5. Sie ist sehr auf ihr Äu[____]eres bedacht; deshalb verbringt sie viel Zeit im Fitne[____]tudio.
6. Er lä[____]t seine Kleidung von einem Ma[____]chneider fertigen; Ma[____]enware kommt für ihn nicht in Frage.
7. Sie geno[____] es, die Wohnung für sich zu haben. Sie lie[____] den Rollladen herunter, setzte sich aufs Sofa und la[____] ein

Buch. Als sie so dasa[_____], verga[_____] sie die Zeit und verpa[_____]te den Film, den sie eigentlich hatte sehen wollen.

8. Das Buch hat den Verri[_____] nicht verdient. Vielmehr wirkt der Rezensent wie ein Be[_____]erwi[_____]er mit schier bö[_____]artigem Spa[_____] am Verrei[_____]en.
9. Am Montag a[_____] sie Grie[_____]brei mit Apfelmu[_____], am Dienstag Brokkoli mit Nu[_____]kru[_____]te, am Mittwoch Rei[_____] mit Gemü[_____]espie[_____]en. Das alles sind Spei[_____]en, um die Fleische[_____]er sich nicht gerade rei[_____]en.
10. Wer kein Fleisch i[_____]t, mu[_____] insbesondere auf Rei[_____]en bestens gerü[_____]tet sein. Schlie[_____]lich gibt es nicht an jeder Ecke einen Imbi[_____]tand mit Tofubuletten.

Fünfte Übung

Hier können Sie nachlegen, was s-Laute angeht. Bitte schließen Sie die Lücken mit den jeweils erforderlichen Buchstaben.

1. Nach dem Wasserschaden wurden die Toilettenräume saniert. Seitdem flie[__ß__]t das Wasser besser ab. Au[_____]erdem sind die Wände neu geflie[_____]t.
2. Auf diese Wei[_____]e sind wir endlich die hä[_____]lichen wei[_____]en Flie[_____]en losgeworden; die bla[_____]blauen sehen besser aus.
3. Bei diesem Auto ist die Karo[_____]erie verro[_____]tet. Die hintere Sto[_____]tange mü[_____]te erneuert werden.
4. Die Zündaussetzer haben eine einfache Ursache: Die Zündkerzen sind verru[_____]t.
5. Es steht noch nicht fest, ob die Rei[_____]e nach Ru[_____]land überhaupt stattfindet. Bislang haben sich nur wenige Intere[_____]ierte gemeldet.

6. Sie hustete und nie[_____]te in einer Tour. Wie sollten wir da das Konzert genie[_____]en?
7. Es hie[_____], das hie[_____]ige Klima setze ihr zu.
8. Sie ist zwar seit Jahrzehnten hier ansä[_____]ig, doch an die Nä[_____]e hat sie sich nie gewöhnt.
9. Sie hat fa[_____]t immer irgendwelche Erkältung[_____]ymptome, obwohl sie aus Angst vor Ansteckung nicht einmal Türklinken anfa[_____]t.
10. Wenn er ein bi[_____]chen besser organisieren könnte, hätte er mehr Mu[_____]e zum Mu[_____]izieren. Er ist mu[_____]isch sehr begabt.

Sechste Übung

Thema dieser Übung sind die Buchstaben *d* und *t* in allen möglichen Kombinationen. Bitte schließen Sie die Lücken mit den jeweils notwendigen Buchstaben.

1. In diesem Sta[_dtt_]eil spielen die Kinder tatsächlich noch auf der Straße. Es empfiehlt sich, Schri[_____]empo zu fahren.
2. Cem will lieber bei der Schreibwerksta[_____] mitmachen, ansta[_____] Fußball zu spielen.
3. Er kommt aus einer der wohlhaben[_____]s[_____]en Familien vor Ort.
4. Die Mutter leitete bis vor Kurzem die En[_____]gel[_____]abteilung eines großen Unternehmens. Nun hat sie sich en[_____]-gül[_____]ig von dem Unternehmen verabschiedet und sich ganz dem Aufbau einer eigenen Firma zugewan[_____].
6. Als En[_____]vierzigerin hat sie en[_____]lich ihre Berufung gefunden.

7. Der Vater ist ein weltgewan[_____]er Mann. Er macht irgen[_____]-was am Flughafen. Das ist eine der größten zusammenhängenden Arbeitsstä[_____]en im Rhein-Main-Gebiet.
8. Auf den stä[_____]ischen Spielplätzen sollte Rauchen nicht gesta[_____]et sein.
9. Tatsächlich haben sich einige Schülerinnen vom Rauchen abgewan[_____], sei[_____] sie den Film über die Folgen gesehen haben.
10. Eine 15-jährige Schülerin en[_____]wendete ihrem Lehrer das Handy aus der Jacke[_____]asche.
11. Der Versan[_____]händler bestätigte, dass die Sendung ordnungsgemäß versan[_____] wurde.

Siebte Übung

In den folgenden Passagen geht es um die Verwechslungskandidaten *seid : seit*, *wieder : wider* und *Tod : tot*. Bitte schließen Sie die Lücken mit den jeweils erforderlichen Buchstaben.

1. Ihr sei[_____] tagelang abgetaucht und habt keinen einzigen Anruf erw[_____]dert. Sei[_____] Tagen haben wir nichts von euch gehört.
2. Danas Mutter ist to[_____]krank. Sei[_____] Dana das weiß, kann sie an nichts anderes mehr denken.
3. Sei[_____] letzter Woche ist die Mutter w[_____]der zu Hause. Sie hat nur w[_____]derwillig zugelassen, dass Dana bei ihr einzieht und sich um sie kümmert.
4. Sie will nicht, dass Dana aufgrund w[_____]driger Umstände durchs Examen fällt.
5. Dana w[_____]derum will die Zeit unbedingt mit ihrer Mutter verbringen. Denn diese Zeit ist unw[_____]derbringlich. Ein Examen dagegen kann man notfalls w[_____]derholen.

6. Da Dana immer ganz genau weiß, was sie will, ist auch diese Entscheidung unw[____]derruflich.
7. David isst nichts vom to[____]en Tier. Er ist dagegen, dass man Tiere To[____]esqualen aussetzt. Er hat gefragt, ob ihr auch Vegetarier sei[____].
8. Sei[____] ich mehr über die Zustände in der Massentierhaltung weiß, ist mir das Fleischessen zuw[____]der. Sei[____]dem lebe ich vegan.
9. Sei[____] dem Examen habe ich nichts mehr von Eva gehört. Sei[____] ihr auf dem Laufenden, was ihre Stelle angeht? – Als ich sie das letzte Mal gesehen habe, war sie to[____]unglücklich, weil ihr Meerschweinchen gestorben war. Es hatte abends to[____] in seinem Haus gelegen. Eva hatte rot geweinte Augen und war to[____]blass. – Letzteres mag auch daran gelegen haben, dass sie sich schier to[____]arbeiten musste, um über die Runden zu kommen. – Sei[____] froh, dass ihr fertig sei[____] mit dem Studium.
10. Ich habe Emil zum w[____]derholten Mal gesagt, dass es zwecklos ist, sich dem Plan zu w[____]dersetzen. Mit seinem W[____]derstand trägt er nur dazu bei, dass die Fronten sich weiter verhärten. Doch du glaubst gar nicht, wie w[____]derborstig er ist. Ich kann gar nicht alles w[____]dergeben, was er sagt. W[____]der besseres Wissen sagt er Dinge, die besser ungesagt blieben. Der Schaden, der dadurch entsteht, ist nur schwer w[____]dergutzumachen. Deshalb ist es höchste Zeit, dass sich alle w[____]der an einen Tisch setzen und das Für und das W[____]der sachlich besprechen.

Achte Übung

In dieser Übung schärfen Sie Ihren Korrekturblick. Bitte berichtigen Sie die Fehler in den folgenden Textpassagen.

1. Seit dem 1. August habe ich eine neue Addresse. Ich wohne jetzt mit zwei Komillitoninnen in einer WG in der Altstatt. Das 1-Zimmer-Appartment in Sonnenberg war mir erstens zu kostspielig, zweitens zu abgeschieden.
2. In der Wohnung nebenan wohnt eine Dame, die um die hunderd Jahre alt sein dürfte. Ihr Mann ist schon seid Jahrzehnten tod. Seitdem duldet sie nur noch Katzen um sich. Sie versorgt sich und ihre Mietzen gänslich ohne fremde Hilfe. Das ist schon eine beachtliche Leistung.
3. Die Dame wäre die angenehmste Nachtbarin, die man sich wünschen kann, wenn sie nur nicht so schwerhöhrig wäre. Die Schwerhöhrigkeit führt dazu, dass wir alle ihre Fernsehnsendungen so miterleben, als sässen wir bei ihr im Wohnzimmer. Und das kommt uns dann doch nicht immer so gelegen, zumahl ihr Geschmack in eine andere Richtung geht.
4. Letzte Woche hatten wir Gelegenheit zu spühren, wie wohltuhend Ruhe sein kann. Die Sattelitenanlage war kapputt, sodass es im gansen Haus keinen Fernsehnempfang gab. Leider erfolgte die Reperatur schon am nächsten Tag. Trotztdem war die Ruhepause lang genug gewesen, um uns zu einem Beschluß zu verhelfen: Wir wollten zu unserer eigenen akkustischen Entlastung der Dame Kopfhöhrer schenken. Gesagt, getan.
5. Abens gingen wir alle drei gemeinsam zu der Dame, um ihr unser Geschenk zu überreichen. Sie hat sich sehr darüber gefreut. Es liegt jetzt in einer Vitrine neben vielen anderen Geschenken, die sie im Laufe der Jahre erhalten hat. Das Fernsehnprogramm teilen wir weiterhin – so wie sich das für gute Nachtbarn gehöhrt.

Neunte Übung

In dieser Übung schärfen Sie Ihren Korrekturblick *und* Sie lernen, Hilfestellungen zu geben. Bitte berichtigen Sie die Fehler und erklären Sie die jeweils richtige Schreibweise.

1. Was hälst du davon, dass wir uns nächste Woche ausnamsweise am Mittwoch treffen?

   Infinitiv halt-en → gebeugte Form: du hältst

2. Am Dienstag würde ich nähmlich gerne zu einem Vortrag gehen. Es geht um den Einfluß der Peergroup in der Pubertät.

3. Ich bin sehr gespannt auf die anschliessende Diskussion. Was bei solchen Gelegenheiten an Ansichten entblöst wird, wundert mich immer wieder aufs Neue.

4. Gehe ich recht in der Anname, dass du lieber nicht mitkommen willtst? Oder könntest du dich mindestens zu dem Vortrag hinreisen lassen?

5. Du könntest noch einmal darüber nachdenken, ob es wirklich nötig ist, andere Seiten aufzuziehen.

Zweite Lektion
Wörter: Nach Leistung sortieren

Diese Lektion ist Grundlagenarbeit. Sie behandelt die grammatischen Eigenschaften von Wörtern. Danach lassen sich die Wörter in Gruppen sortieren, in die so genannten Wortarten. Sie werden sehen, was die Wörter einer Wortart alles können, wie sie sich zu anderen Wörtern verhalten und was bei ihrer Verwendung zu beachten ist.

Nutzwert

Wörter sind Ihr Baumaterial; die Beschäftigung mit den Wortarten ist die Materialkunde. Sie vermittelt Ihnen ein Verständnis vom Wirken der Wörter und gibt Ihnen gleichzeitig ein Ordnungssystem an die Hand. Dank diesem System haben Sie es statt mit tausenden einzelnen Wörtern nur mit wenigen Gruppen zu tun. Das macht den Wortschatz leichter zugänglich.

Die Wortarten werden Ihnen in den folgenden Lektionen immer wieder begegnen, insbesondere bei der Groß- und Kleinschreibung, der Getrennt- und Zusammenschreibung und dem Satzbau. Wenn Sie also in dieser Lektion an der einen oder anderen Stelle zweifeln, ob Sie das wirklich wissen müssen, dann üben Sie sich bitte in Geduld. Es wird sich später auszahlen.

Auszahlen wird sich auch das grammatische Fachvokabular, das Sie mit den Eigenschaften der Wörter lernen. Sie werden es brauchen, um Ihrerseits sprachliche Erscheinungen zu thematisieren und um in Zweifelsfällen zu wissen, unter welchem Stichwort Sie nachschlagen müssen.

Wortarten

Eine Wortart ist eine Gruppe von Wörtern mit weitgehend gleichen grammatischen Eigenschaften. So haben etwa alle Vertreter der Wortart Verb die Eigenschaft, dass sie Zeitformen bilden können. Alle Vertreter der Wortart Substantiv haben ein festes Geschlecht.

Wie viele Wortarten es gibt, das kommt auf die zugrunde liegenden Kriterien an. Je mehr Kriterien festgelegt werden, desto höher ist die Anzahl der Wortarten. Für praktische Zwecke ist die Einteilung in die folgenden neun Gruppen hilfreich: Verb, Substantiv, Artikelwörter, Pronomen, Adjektiv, Adverb, Präposition, Konjunktion und Partikeln.

Wörter der Wortarten Verb, Substantiv, Artikelwörter, Pronomen und Adjektiv sind flektierbar (veränderbar); die restlichen Wörter sind nicht flektierbar. Durch die Flexion (Bildung der verschiedenen Wortformen) werden die Wörter an ihre Rolle im Satz angepasst.

Verb

Das Verb (Tätigkeitswort, Zeitwort) ist die wichtigste Wortart von allen. Verben sind zum Beispiel *essen*, *schlafen*, *donnern*, *miauen*, *haben* und *sein*. Sie sagen, was einer tut oder was geschieht.

Das Verb stellt im Satz das Prädikat (die Satzaussage). Ohne Prädikat gibt es keinen Satz. Das Verb gibt die Struktur des Satzes vor und bestimmt, wer welche Rolle spielt. Es ist der Schlüssel zum Satz. Wegen seiner satzprägenden Kraft wird das Verb als Wortart herausgestellt und in der nächsten Lektion gesondert und sehr ausführlich behandelt.

Substantiv

Das Substantiv (Nomen, Hauptwort) nennt Dinge, Lebewesen, Erscheinungen, Gedanken oder Empfindungen beim Namen. Substantive sind zum Beispiel *Tisch*, *Katze*, *Gewitter*, *Idee* oder *Hunger*. Das Substantiv ist die einzige Wortart, die großgeschrieben wird, und sticht schon allein deshalb hervor. Eine weitere markante Eigenschaft besteht darin, dass es ein festes Geschlecht hat, ein Genus. Die drei Genera sind Maskulinum (männlich) wie *der Tisch*, Femininum (weiblich) wie *die Katze* und Neutrum (sächlich) wie *das Gewitter*. Das Genus ist eine grammatische Kategorie, *nicht* ein Spiegel des natürlichen Geschlechts. Außer bei Personenbezeichnungen hat das eine mit dem anderen nichts zu tun. Am Substantiv selbst ist das Genus meist nicht zu erkennen. Es wird durch seine Begleiter angezeigt, durch Artikelwörter und Adjektive.

Substantive werden per Deklination (Beugung) im Numerus (in der Zahlform) und im Kasus (Fall) verändert. Der Fall gibt an, in welchem Verhältnis das Substantiv zu anderen Elementen im Satz steht. Folglich ist er auch nur im Zusammenhang zu verstehen und zu vermitteln. Hier ist ein Mustersatz, mit dem sich alle Fälle durchspielen lassen:

Die Schülerin erzählt der Leiterin der Einrichtung die Geschichte.

Kern des Satzes ist das Verb *erzählt*. Es verteilt Rollen, die man durch die folgenden Fragen ermitteln kann:

Wer oder was erzählt die Geschichte? – die Schülerin
Wen oder was erzählt die Schülerin? – die Geschichte
Wem erzählt sie die Geschichte? – der Leiterin

Das noch ausstehende Element – *der Einrichtung* – gehört zur Beschreibung der Leiterin und lässt sich über sie erfragen:

Wessen Leiterin? – der Einrichtung

In den Antworten auf die vier Fragen sind die vier Fälle zu erkennen. Hier sind sie in der Reihenfolge, in der sie üblicherweise genannt werden:

1. Fall: Nominativ (Werfall): *wer oder was?*
2. Fall: Genitiv (Wesfall): *wessen?*
3. Fall: Dativ (Wemfall): *wem?*
4. Fall: Akkusativ (Wenfall): *wen oder was?*

Die Fragen helfen dabei, die Abhängigkeiten zu sehen. Der Nominativ ist der direkte Draht zum Verb. Der Genitiv markiert eine Beifügung zum Substantiv. Der Dativ zeigt, an wen die Handlung sich richtet. Der Akkusativ nennt den Gegenstand der Handlung.

Die Fälle sind nicht immer – so wie im Beispiel – direkt vom Verb oder von einem Substantiv abhängig. Genitiv, Dativ und Akkusativ können auch von einer Präposition (einem Verhältniswort) vorgegeben werden:

Die Polizei war da *wegen* des Vorfalls. Der Schüler schweigt *aus* Scham. *Durch* den Vorfall ist er verstört.

Die Präposition *wegen* verlangt den Genitiv, *aus* den Dativ, *durch* den Akkusativ. Diese Kombinationen sind gesetzt.

Die Fälle ergeben nur im Zusammenhang einen Sinn. Sie sind entweder durch eine Präposition vorgegeben, oder sie lassen sich aus dem Satz heraus erfragen: Wer oder was? → *Nominativ;* Wessen? → *Genitiv;* Wem? → *Dativ;* Wen oder was? → *Akkusativ.*

Artikelwörter

Die Wortart Artikelwörter hat nur zwei Stammvertreter: den bestimmten Artikel (*der, die, das*) und den unbestimmten Artikel (*ein, eine*). Sie zeigen das Geschlecht des Substantivs und werden deshalb auch *Geschlechtswörter* genannt. Ihre Aufgabe besteht darin, das Substantiv zu begleiten und als bestimmte oder eben unbestimmte Größe darzustellen.

Artikel werden mit dem dazugehörigen Substantiv gebeugt. Sie gehen ihrem Bezugswort entweder unmittelbar oder mit etwas Abstand voraus: *die Schule, die neue Schule, die im Landeswettbewerb ausgezeichnete Schule*. So bilden Artikel und Substantiv den Rahmen einer Wortgruppe, deren Kopf das Substantiv ist. Eine solche Wortgruppe heißt *Nominalphrase*.

Zu den Artikelwörtern im weiteren Sinne werden Pronomen (Fürwörter) gerechnet, die das Substantiv wie ein Artikel begleiten. Bitte vergleichen Sie:

Artikel	**Artikelwort**	**Pronomen**
Die Katze schläft.	Diese Katze schläft.	Diese schläft.
Ein Kind schreit.	Irgendein Kind schreit.	Irgendeiner schreit.
Die Geschichte hat er schon einmal erzählt.	Dieselbe Geschichte hat er schon einmal erzählt.	Dasselbe hat er schon einmal erzählt.

Der Vergleich zeigt den wesentlichen Unterschied: Der Artikel tritt ausschließlich als Begleiter des Substantivs auf; er kann nicht allein stehen. Das Artikelwort tritt wie der Artikel als Begleiter des Substantivs auf. Allerdings kommt es *auch* als Pronomen vor, und als solches steht es allein.

Artikelwörter sind immer ein Hinweis darauf, dass in der Folge ein Wort großzuschreiben ist.

Pronomen

Pronomen (Fürwörter) sind Wörter, die stellvertretend für ein Substantiv stehen. Trotzdem werden sie in der Regel kleingeschrieben. Zu den Pronomen zählen:

- das **Personalpronomen** (persönliche Fürwort): *ich, du, er, sie, es, wir, ihr, sie*
- das **Reflexivpronomen** (rückbezügliche Fürwort): *ich freue mich, du freust dich, er freut sich …*
- das **Possessivpronomen** (besitzanzeigende Fürwort): *meiner, deiner, seiner, unserer, eurer, ihrer*
- das **Demonstrativpronomen** (hinweisende Fürwort): *der, die, das; dieser; jener; derjenige; derselbe*
- das **Relativpronomen** (bezügliche Fürwort): *der, die, das; welcher, welche, welches*
- das **Interrogativpronomen** (Fragefürwort): *wer; was; welcher; was für einer*
- das **Indefinitpronomen** (unbestimmte Fürwort): *alle; ein bisschen; einige; ein paar; ein wenig; etliche; etwas; genug; irgendeiner; jeder; jemand; keiner; man; manche; mehrere; nichts; niemand; viel; wenig*

Beim Gebrauch der Pronomen ist darauf zu achten, dass jederzeit klar ist, *wofür* sie stehen. Ohne Zusammenhang funktionieren sie nicht.

Viele Pronomen können neben der Stellvertreterfunktion (*alle lachen*) auch eine Begleitfunktion (*alle Kinder lachen*) übernehmen. In dem Fall werden sie als Artikelwörter verbucht.

Pronomen brauchen einen deutlichen Bezug. Der muss sich aus dem Kontext oder aus der Situation ergeben.

Adjektiv

Adjektive (Eigenschaftswörter) sind Wörter wie *schön* und *gut*, *himmlisch*, *herrlich* und *mutig*. Sie beschreiben, wie etwas ist. Das tun sie aus drei unterschiedlichen Positionen heraus. Bitte vergleichen Sie:

1. Die *mutige* Frau schreitet ein.
2. Die Frau ist *mutig*.
3. Die Frau schreitet *mutig* ein.

Im ersten Satz ist das Adjektiv dem Substantiv beigefügt und wird mit ihm dekliniert. In dieser Position ist es ein Attribut (eine Beifügung); es wird attributiv verwendet. Im zweiten Satz ist das Adjektiv notwendig, um das inhaltsschwache Verb *sein* (in der gebeugten Form *ist*) zu ergänzen. Die beiden bilden zusammen das Prädikat (die Satzaussage). Das ist die prädikative Verwendung. Im dritten Satz beschreibt das Adjektiv die Handlung, die im Verb ausgedrückt wird. Das ist die adverbiale Verwendung.

Die Deklination des attributiven Adjektivs richtet sich zum einen nach dem Substantiv, auf das es sich bezieht; zum anderen ist sie abhängig von dem vorausgehenden Artikelwort. Geht ein Artikelwort voraus, das Genus, Kasus und Numerus anzeigt, dann braucht das Adjektiv diese Information nicht noch zusätzlich auszudrücken. Es reicht eine schwache Deklination. Geht jedoch *kein* Artikelwort voraus, das Genus, Kasus und Numerus anzeigt, dann muss das Adjektiv die Kennzeichnung übernehmen. Es wird dann stark dekliniert. Die folgenden Tabellen zeigen starke und schwache Deklination mit allen Formen. Als dritte Variante kommt noch die gemischte Deklination hinzu, die bis auf wenige Abweichungen schwach ist.

Tipp zum Umgang mit den Tabellen: Bloßes Herunterlesen ist nicht sehr ergiebig. Bilden Sie lieber kurze Sätze, die das Adjektiv in der jeweiligen Form zeigen. Arbeiten Sie mit den Fall-Fragen wie beim Substantiv. Hier ein Beispiel aus der ersten Tabelle:

Nom. (wer oder was?): *Neuer Draht hält besser.*
Gen. (wessen?): *Der Einsatz neuen Drahtes lohnt sich.*
Dativ (wem?): *Mit neuem Draht hält das wieder.*
Akk. (wen oder was?): *Wir brauchen neuen Draht.*

Starke Deklination: Das Adjektiv ohne Artikelwort

	Maskulinum	**Femininum**	**Neutrum**
Singular			
Nom.	neuer Draht	neue Kraft	neues Werkzeug
Gen.	neuen Drahtes	neuer Kraft	neuen Werkzeugs
Dativ	neuem Draht	neuer Kraft	neuem Werkzeug
Akk.	neuen Draht	neue Kraft	neues Werkzeug

Plural			
Nom.	neue Drähte	neue Kräfte	neue Werkzeuge
Gen.	neuer Drähte	neuer Kräfte	neuer Werkzeuge
Dativ	neuen Drähten	neuen Kräften	neuen Werkzeugen
Akk.	neue Drähte	neue Kräfte	neue Werkzeuge

Das Adjektiv wird stark dekliniert, wenn ihm kein Artikelwort vorausgeht oder wenn das vorausgehende Artikelwort endungslos ist: *Wegen ein paar neuer Werkzeuge ist sie in den Baumarkt gefahren. Mit etwas neuem Draht konnte sie das Gitter befestigen.*

Schwache Deklination: Das Adjektiv nach bestimmtem Artikel oder Artikelwort mit Endung

	Maskulinum	**Femininum**	**Neutrum**
Singular			
Nom.	der alte Hund	die alte Katze	das alte Pferd
Gen.	des alten Hundes	der alten Katze	des alten Pferdes
Dativ	dem alten Hund	der alten Katze	dem alten Pferd
Akk.	den alten Hund	die alte Katze	das alte Pferd
Plural			
Nom.	die alten Hunde	die alten Katzen	die alten Pferde
Gen.	der alten Hunde	der alten Katzen	der alten Pferde
Dativ	den alten Hunden	den alten Katzen	den alten Pferden
Akk.	die alten Hunde	die alten Katzen	die alten Pferde

Die schwache Deklination kommt allein mit den Endungen *-e* und *-en* aus; im Plural enden alle Formen auf *-en*. Ein Adjektiv wird schwach dekliniert, wenn der bestimmte Artikel davorsteht oder ein anderes Artikelwort mit Endung.

Gemischte Deklination: Das Adjektiv nach ein, kein, mein, dein, sein, unser, euer, ihr

	Maskulinum	Femininum	Neutrum
Singular			
Nom.	**mein** alter Hund	meine alte Katze	**mein** altes Pferd
Gen.	meines alten Hundes	meiner alten Katze	meines alten Pferdes
Dativ	meinem alten Hund	meiner alten Katze	meinem alten Pferd
Akk.	meinen alten Hund	meine alte Katze	**mein** altes Pferd
Plural			
Nom.	meine alten Hunde	meine alten Katzen	meine alten Pferde
Gen.	meiner alten Hunde	meiner alten Katzen	meiner alten Pferde
Dativ	meinen alten Hunden	meinen alten Katzen	meinen alten Pferden
Akk.	meine alten Hunde	meine alten Katzen	meine alten Pferde

Die gemischte Deklination ist überwiegend schwach. Stark ist sie nur da, wo das begleitende Artikelwort endungslos ist. Diese Stellen sind fett gedruckt.

Die Deklinationsarten folgen einem einfachen Prinzip: Irgendein Wort muss *Genus, Kasus und Numerus anzeigen. Entweder ist ein Artikelwort vorhanden, das die Anzeige übernimmt, oder das Adjektiv muss es tun.*

Die Deklination wie oben beschrieben gilt auch dann, wenn mehrere Adjektive gleichwertig nebeneinander auftreten. Sie werden parallel gebeugt: *Neuer, kupferner Draht hält besser. Der Einsatz neuen, kupfernen Drahtes lohnt sich. Mit neuem, kupfernem Draht hält das wieder. Wir brauchen neuen, kupfernen Draht.*

Adjektive können außer in der Deklination noch in einer anderen Weise verändert werden: durch die Steigerung. Damit lassen sich unterschiedliche Grade ausdrücken und Vergleiche bilden. Die drei Stufen der Steigerung sind:

- der Positiv (die Grundstufe): *der alte Hund; er ist so alt wie die Katze*
- der Komparativ (die Vergleichsstufe): *der ältere Hund; er ist älter als die Katze*
- der Superlativ (die Höchststufe): *der älteste Hund; er ist am ältesten*

Die Steigerung ist mit drei Stolperfallen verbunden, auf die Sie Acht geben sollten. Die erste liegt im Vergleich. Hier werden häufig die Vergleichswörter *wie* und *als* durcheinandergebracht. Dabei ist die Regel eindeutig: Auf der Grundstufe heißt es *so* und *wie*; auf der Vergleichsstufe, also bei der gesteigerten Form, heißt es *als*.

Zum Einprägen: so alt wie er; älter als sie.

Die zweite Stolperfalle liegt in der Steigerung von Wörtern, bei denen es nichts zu steigern gibt. Typische Beispiele sind *das *einzigste Kind* und *die *optimalste Lösung*. Wenn es um den Stil geht, können Sie auch darüber nachdenken, ob wirklich alles *am supertollsten* und *ultimativ größten* sein muss. Manchmal liegt die Überzeugungskraft gerade in der Zurückhaltung.

Die dritte Stolperfalle betrifft die Groß- und Kleinschreibung auf der Höchststufe. Hier wird das zum ungebeugten Superlativ gehörende *am* zuweilen als Hinweis auf Großschreibung interpretiert: *Er ist am *Ältesten*. Diese Schreibweise ist falsch. Die Steigerung hat keinen Einfluss auf die Groß- und Kleinschreibung. Wo ein Adjektiv in der Grundstufe kleingeschrieben wird, gilt die Kleinschreibung auch in der Vergleichs- und der Höchststufe: *Er ist alt. Er ist älter. Er ist am ältesten*.

Adverb

Adverbien (Umstandswörter) sind Wörter wie *überall*, *mittags*, *gerne* oder *deshalb*. Sie sind unveränderbar. Ihre Aufgabe besteht darin, die Umstände eines Geschehens anzugeben: den Ort, die Zeit, die Art und Weise oder den Grund. Das tun sie auf unterschiedlichen Ebenen. Sie können selbstständig auftreten und eine Angabe machen zur Handlung oder zum ganzen Satz; sie können aber auch einem anderen Wort beigefügt sein. Bitte vergleichen Sie:

- Adverb in selbstständiger Position:
  Gestern fanden Prüfungen statt. Hoffentlich haben alle bestanden. Jedenfalls drücken wir die Daumen.
- Adverb als Attribut (Beifügung)
  Die Prüfung gestern war sehr schwierig. In Zukunft werden wir immer mittwochs üben.

Als Attribut kann sich das Adverb auf ein Substantiv beziehen (*die Prüfung gestern*), auf ein Adjektiv (*sehr schwierig*) oder auf ein anderes Adverb (*immer mittwochs*).

In vielen Positionen kann das Adverb durch ein Adjektiv ersetzt werden:

> *Kurzfristig fanden Prüfungen statt. Wahrscheinlich haben alle bestanden. Eifrig drücken wir die Daumen.*

Die Austauschbarkeit an diesen Stellen bedeutet lediglich, dass Adjektiv und Adverb die gleiche Funktion übernehmen können. Es bedeutet *nicht*, dass sie gleich sind. Das Adjektiv ist veränderbar, das Adverb nicht.

> *Adverbien beziehen sich – so wie der Name das sagt – oft aufs Verb. Sie können sich aber auch auf Substantive beziehen, auf Adjektive, auf andere Adverbien oder auf den ganzen Satz.*

Präposition

Präpositionen (Verhältniswörter) sind Wörter wie *an*, *bei*, *in*, *mit*, *mittels*. Sie sind unveränderbar. Sie verlangen immer eine Ergänzung. Ihre Aufgabe besteht darin, diese Ergänzung (*an + die Wand; bei + dir; in + heller Freude*) in den Satz einzubinden und damit ein bestimmtes Verhältnis zu begründen. Präposition und Ergänzung bilden zusammen eine Wortgruppe, eine so genannte *Präpositionalphrase*.

Die durch Präpositionen begründeten Verhältnisse fallen sehr unterschiedlich aus. Sie können eine klare Bedeutung haben, die man – wie bei den Adverbien – nach Ort, Zeit, Art und Weise oder Grund einordnen kann. Sie können aber auch ohne erkennbare Bedeutung sein. Das ist meist dann der Fall, wenn die Präposition ihrerseits an ein anderes Wort gebunden ist. Bitte vergleichen Sie:

freier Gebrauch	gebundener Gebrauch
Sie fährt an den See.	Er erinnert sich an den See.
Sie geht um fünf.	Er bittet um Hilfe.
Sie versucht es auf gut Glück.	Er hat Lust auf ein Eis.
Sie kauft ein Geschenk für ihn.	Er hält sie für aufdringlich.

In den Sätzen links ist die Information, die mit der Präposition angeschlossen wird, frei gewählt. Hier sehen Sie – der Reihe nach – Angaben zu Ort, Zeit, Art und Weise und Grund. In den Sätzen rechts dagegen sind die Präpositionen von den Verben bzw. vom Substantiv vorgegeben. *Sich erinnern* und *an* gehören fest zusammen, ebenso die anderen Kombinationen. Hier dienen die Präpositionen allein dem Anschluss. Sie sind neutral in der Bedeutung und nicht austauschbar.

Präpositionen stehen in der Regel *vor* ihrer Ergänzung; nur wenige sind ihr nachgestellt (*dir zuliebe*) oder umklammern sie (*von Anfang an*). Einige Präpositionen können voran- oder nachgestellt werden (*über Ostern, den ganzen Tag über*). Die Ergänzung ist in den meisten Fällen eine Nominalphrase, seltener ein Adverb (*bis gestern*) oder Adjektiv (*für aufdringlich halten*). Besteht die Ergänzung aus einer Nominalphrase, so wird deren Fall von der Präposition bestimmt. Die Präposition regiert den Fall.

Es gibt Präpositionen, die grundsätzlich mit dem Akkusativ stehen (*für dich, gegen dich, ohne dich*). Andere stehen mit dem Dativ (*bei dir, mit dir, nach dir*), wieder andere mit dem Genitiv (*infolge des Stromausfalls, kraft ihres Amtes, wegen des Gewitters*). Daneben gibt es Wechselpräpositionen, die je nach Bedeutung mit Akkusativ *oder* Dativ stehen. Mit dem Akkusativ geben sie eine Richtung an (*sie geht in den Raum und legt Unterlagen auf den Tisch*), mit dem Dativ einen Ort (*sie ist in dem Raum; dort liegen Unterlagen auf dem Tisch*).

Was die Schreibweise angeht, so ist zu beachten, dass bei der Zusammenziehung von Präposition und Artikel *kein* Apostroph gesetzt wird: *Die Studierenden können beruhigt ins Seminar gehen und ans Examen denken, denn sie sind aufs Beste vorbereitet.*

Präpositionen bestimmen den Fall der von ihnen abhängigen Substantive; teilweise werden sie selbst von anderen Wörtern bestimmt. Also heißt es in zwei Richtungen aufpassen.

Konjunktion

Konjunktionen (Bindewörter) sind Wörter wie *und* und *oder*, *dass* und *ob*, *denn* und *weil*. Sie dienen der Verbindung. Sie sind unveränderbar und – im Gegensatz zu den Präpositionen – ohne Einfluss auf die Form anderer Elemente.

Konjunktionen werden intern noch einmal danach unterschieden, *was* sie miteinander verbinden. Manche verbinden gleichrangige Elemente: Wörter, Wortgruppen oder Sätze. Das sind die nebenordnenden Konjunktionen wie zum Beispiel *und, sowie, oder, aber, denn*. Andere sind ausschließlich dazu da, Nebensätze einzuleiten. Das sind die unterordnenden Konjunktionen, auch *Subjunktionen* genannt. Beispiele sind *indem, obwohl, sodass, weil, wenn*.

Schon die kleine Auswahl an Beispielen zeigt die große inhaltliche Vielfalt, die durch Konjunktionen ausgedrückt werden kann. Die wird im Zusammenhang mit dem Satzbau (in der achten Lektion) näher beleuchtet. Dann werden die Konjunktionen bei der Zeichensetzung (in der neunten Lektion) wieder aktuell. Denn wenn sie Nebensätze einleiten, muss irgendwo auch ein Komma stehen.

Unterordnende Konjunktionen sind immer mit einem Komma verbunden.

Partikeln

Partikeln sind ein Sammelsurium kleiner, unveränderlicher Wörter, die den Inhalt beeinflussen, aber selbst nicht erfragt werden können. Hier ist ein Text mit Beispielen:

> Es ist zu nass draußen. Die Exkursion findet nicht statt. – Das ist aber schade! – So gibt es eben einen Studientag vor Ort. – Ach, das ist doch langweilig. – Hast du denn eine bessere Idee? – Das fragst du ausgerechnet mich? – Ja, du kannst deinen Ideen ruhig freien Lauf lassen.

Partikeln können einen Grad ausdrücken (*zu*); sie können Inhalte verneinen (*nicht*), abtönen (*aber*, *eben*, *doch*, *denn*, *ruhig*) oder fokussieren (*ausgerechnet*). Sie können Empfindungen äußern (*ach*) oder den Gesprächsverlauf strukturieren (*ja*).

Neben den Funktionen geben die Beispiele noch weitere Eigenheiten zu erkennen. Erstens: Partikeln können unterschiedlichen Wortarten entstammen. *Aber* und *doch* zum Beispiel sind von Haus aus Konjunktionen, *ruhig* ist ein Adjektiv. Als Partikeln haben die Wörter ihre ursprüngliche Bedeutung aufgegeben. Zweitens: Partikeln kommen in der gesprochenen Sprache sehr häufig vor.

Grammatisch gesehen bereiten Partikeln keine Schwierigkeiten. Sie können gesetzt oder gestrichen werden, ohne dass sich am Satzbau etwas ändert. Zu beachten sind sie jedoch in stilistischer Hinsicht. Insbesondere die Abtönungspartikeln, so nützlich sie in der mündlichen Sprache sein mögen, wirken in Sachtexten störend.

Abtönungspartikeln verleihen einem Text persönlichen Ausdruck. Der jedoch läuft einer sachlichen Darstellung zuwider. Vorsicht also bei wissenschaftlichen Arbeiten!

Das* und *dass

Das und *dass* werden häufig verwechselt. Mit Kenntnis der Wortarten haben Sie ein Mittel in der Hand, um die Wörter sicher auseinanderzuhalten.

Das Wort *das* mit einfachem *s* ist Ihnen im Laufe der Ausführungen dreimal begegnet: als bestimmter Artikel, als Demonstrativpronomen und als Relativpronomen. Das Wort *dass* mit Doppel-s ist eine Nebensatzkonjunktion.

Der Artikel *das* steht vor einem sächlichen Hauptwort. Er kann durch die Artikelwörter *dieses* oder *jenes* ersetzt werden. Er weicht einer anderen Form, sobald das Substantiv in den Plural gesetzt wird.

Ich lobe *das* [*dieses* oder *jenes*] Kind. Ich lobe *die* Kinder.

Das Demonstrativpronomen *das* steht allein. Es verweist auf etwas, was man sieht oder vorher im Text eingeführt hat. Es kann durch das Demonstrativpronomen *dies* ersetzt werden.

Die Kinder wissen, was zu tun ist. *Das* [*dies*] haben wir geübt.

Das Relativpronomen *das* leitet einen Relativsatz ein. Es bezieht sich auf ein ihm vorausgehendes sächliches Substantiv. Mit ihm stimmt es in Geschlecht und Zahl überein. Im Fall richtet es sich nach seiner

Funktion im Relativsatz. Es kann durch das Relativpronomen *welches* ersetzt werden. Es weicht einer anderen Form, sobald das Bezugswort in den Plural gesetzt wird. Und so sieht es aus:

> Das Kind, *das* [*welches*] geübt hat, weiß, was zu tun ist.
> Die Kinder, *die* geübt haben, wissen Bescheid.

Die Konjunktion *dass* verbindet einen Nebensatz mit einem übergeordneten Satz. Sie hat keine inhaltliche, sondern rein strukturelle Bedeutung. Sie ist nicht durch ein anderes Wort zu ersetzen.

> Die Kinder sagen, *dass* sie sich sicher fühlen.
> Ich denke auch, *dass* sie gut vorbereitet sind.

Die Konjunktion *dass* kommt – wie in den Beispielen – häufig nach Verben des Sagens und Meinens vor.

Das *mit einfachem* s *ist Artikelwort oder Pronomen. Es kann durch andere Artikelwörter oder Pronomen* – dies[es], jenes, welches – *ersetzt werden. Die Konjunktion* dass – *mit Doppel-s – ist nicht zu ersetzen. Machen Sie im Zweifelsfall die Probe.*

Fragen

1. Wozu sind die Wortarten gut? Überlegen Sie sich einen Vergleich, der den Nutzen anschaulich macht.

2. Was bedeuten die vier Fälle beim Substantiv? Bitte erklären Sie das einer Person, die nichts mit den Fällen anzufangen weiß.

3. Was ist der Unterschied zwischen Artikelwörtern und Pronomen?

4. Adjektive und Adverbien können in gleicher Weise benutzt werden: *Er lacht laut; er lacht gern*. Trotzdem sind sie nicht gleich. Was ist der wesentliche Unterschied?

5. Ein häufiger Fehler bei Vergleichen ist die Verwechslung von *als* und *wie*. Deshalb arbeiten manche mit der Faustregel „Bei Gleichheit *wie*, bei Ungleichheit *als*“. Wo stößt diese Faustregel an ihre Grenzen?

Übungen

Erste Übung

Hier schärfen Sie Ihren Blick für die Wortarten. Bitte lesen Sie zunächst den Text als Ganzes. Im nächsten Schritt bestimmen Sie für jedes einzelne Wort, zu welcher Wortart es gehört. Fangen Sie mit den Wörtern an, die für Sie offensichtlich sind. Bei den weniger offensichtlichen gehen Sie die Merkmale durch.

Sprache ist der Schlüssel zur gesellschaftlichen Teilhabe. Deshalb ist es so wichtig, dass sie allgemein zugänglich ist. Damit das auch für Menschen mit Lernschwierigkeiten gilt, lassen viele Behörden wichtige Texte in Leichte Sprache übersetzen.

Sprache [Substantiv] ist [_____] der [_____] Schlüssel [_____] zur [_____] gesellschaftlichen [_____] Teilhabe [_____]. Deshalb [_____] ist [_____] es [_____] so [_____] wichtig [_____], dass [_____] sie [_____] allgemein [_____] zugänglich [_____] ist [_____]. Damit [_____] das [_____] auch [_____] für [_____] Menschen [_____] mit [_____] Lernschwierigkeiten [_____] gilt [_____], lassen [_____] viele [_____] Behörden [_____] wichtige [_____] Texte [_____] in [_____] Leichte [_____] Sprache [_____] übersetzen [_____].

Zweite Übung

Hier üben Sie, die Fälle zu sehen. Geben Sie für die markierten Nominalphrasen an, in welchem Fall sie stehen. Nutzen Sie dazu die folgenden Fragen:

„Wer oder was?“ für den Nominativ [N]
„Wessen?“ für den Genitiv [G]
„Wem?“ für den Dativ [D]
„Wen oder was?“ für den Akkusativ [A]

1. Anna [_N_] sieht ihre Freundin [_A_].
2. Anna [____] sieht ihrer Freundin [____] zu.
3. Anna [____] sieht der Katze [____] ihrer Freundin [____] zu.
4. Ben [____] habe ich gerade gestern getroffen.
5. Ben [____] habe ich Hilfe [____] zugesagt.
6. Cem [____] erfreut sich guter Gesundheit [____].
7. Cem [____] erfreuen wir mit einem Geschenk.
8. Cem [____] überreichen wir unser Geschenk [____].
9. Dana [____] kann niemand [____] helfen.
10. Dana [____] kann niemandem [____] helfen.

Dritte Übung

In dieser Übung geht es noch einmal um die Fälle, diesmal auch im Zusammenhang mit Präpositionen. Bitte geben Sie für die markierten Nominalphrasen an, in welchem Fall sie stehen.

1. Die Frau [_N_] und das Kind [_N_] überqueren die Straße [_A_].
2. Die Frau [____] und das Kind [____] beobachten wir beim Überqueren der Straße [____].
3. Die Frau [____] reißt das Kind [____] von der Straße [____].
4. Herr Aling [____] fährt in die Schweiz [____].
5. Er will in Zürich [____] eine Ausstellung [____] besuchen.
6. Nach drei Tagen [____] wird er weiterreisen zu einer Tagung [____] in Mailand [____].
7. Herr Beling [____] ist ein Mann [____] mittleren Alters [____].
8. Mit Herrn Belings [____] großzügiger Unterstützung [____] konnte das Projekt [____] verwirklicht werden.
9. Die Verwirklichung [____] des Projekts [____] haben wir Herrn Beling [____] zu verdanken.
10. Die Verleumdungen [____] ihres Mannes [____] haben Frau Celing [____] sehr getroffen.

Vierte Übung

Der letzte Satz aus der dritten Übung enthält eine Doppeldeutigkeit. Bitte erklären Sie, wie diese zustande kommt, und formulieren Sie eindeutige Versionen. Hier sehen Sie noch einmal den Satz für sich:

Die Verleumdungen ihres Mannes haben Frau Celing sehr getroffen.

____

____

____

____

Fünfte Übung

Thema dieser Übung sind Artikelwörter [A] und Pronomen [P]. Artikelwörter begleiten ein Substantiv; Pronomen ersetzen ein Substantiv. Bitte geben Sie für die markierten Wörter an, worum es sich jeweils handelt. Vielleicht können Sie bei dem einen oder anderen Wort sogar noch genauer sagen, was es ist.

1. Unsere [A (possessiv)] Sprache muss einiges [P (unbestimmt)] leisten.
2. Sie [__________] soll für alle [__________], die [__________] sich ihrer [__________] bedienen, verständlich sein.
3. Sie [__________] soll außerdem alle [__________] Personen, über die [__________] sie [__________] etwas [__________] aussagt, deutlich sichtbar machen.
4. Eine [__________] Sprache, in der [__________] nur Männer vorkommen, wäre ein [__________] Zerrbild der [__________] Gesellschaft.
5. Verständlichkeit ist vor allem [__________] über den [__________] Satzbau zu erreichen.

6. Es [____________] hilft, wenn sich jeder [____________] Satz auf eine Aussage beschränkt.
7. In solchen [____________] Portionen lässt sich Information am besten schlucken.
8. Wenn viele [____________] Aussagen miteinander vermengt werden, muss jemand [____________] sehr geübt – und geduldig – sein, um sie [____________] zu sortieren.
9. Das [____________] gilt auch für diejenigen [____________], die [____________] wissenschaftliche Arbeiten lesen.
10. Die [____________] freuen sich über etwas [____________] Ordnungssinn. Damit ist schon viel [____________] gewonnen.

Sechste Übung

Hier geht es um Adjektive. In den folgenden Passagen haben sich etliche Fehler rund ums Adjektiv eingeschlichen. Bitte streichen Sie die Fehler an, sagen Sie, was nicht stimmt, und machen Sie es richtig.

1. Emil setzte sich ab, als die Aufregung die höchste höchsten Wellen schlug.

   richtig: schwache Deklination

2. Am Lautesten schrien die, die nichts zu sagen hatten.

   ____

   ____

3. Ein Beitrag war dürftiger als der Nächste.

   ____

   ____

4. Das Einzigste, was deutlich rüberkam, war die ungezügelte Verachtung der jeweils anderen Seite.

____

____

5. Damit hinterließen alle Beteiligten einen ausgesprochenen schlechten Eindruck.

____

____

6. Anton findet, dass man mit einem ruhigen, gemäßigtem Ton am Weitesten kommt.

____

____

7. Wegen eines kleinem Fehlers sollte man sich nicht so aufregen.

____

____

8. Sonst ist der Folgeschaden größer wie der Fehler selbst.

____

____

9. Außerdem lenken die ewige Schuldzuweisungen nur vom weiteren Vorgehen ab, und genau das ist doch wichtiger wie alles andere.

____

____

10. Mittlerweile haben die Beteiligten sich weitestgehendst geeinigt. Nach eigenen Bekunden freuen sie sich auf eine gute und gedeihliche Zusammenarbeit.

Siebte Übung

In dieser Übung geht es um Präpositionen. Bitte unterstreichen Sie sämtliche Präpositionen in den folgenden Sätzen. An einigen Stellen sind sie mit Fehlern verbunden. Bitte erklären Sie, was nicht stimmt, und machen Sie's richtig.

1. Eva ist <u>mit</u> ihrer Note nicht zufrieden. Sie hatte <u>mit</u> einer glatten Eins gerechnet.

2. Bei dem, was sie geboten habe, sei eine Zwei für sie nicht hinnehmbar, sagt sie.

3. Sie habe mindestens ein Dutzend Bücher gelesen und sei tief in der Materie vorgedrungen.

4. Auch an schwierigen Stellen, über die andere großzügig hinwegsähen, sei sie in's Detail gegangen.

5. Wegen der aufwändigen Recherche habe sie sogar auf ihren Urlaub verzichtet.

6. Und nun solle wegen ein paar sprachlichen Schwächen die Note herabgesetzt werden. Das sei unfair gegenüber ihr.

7. Sie zweifle wegen der Kompetenz der Lehrkraft. Wenn die kompetent und für ihre Tätigkeit geeignet wäre, würden Fehlbenotungen wie in ihrem Fall gar nicht vorkommen.

8. Sie habe sich deshalb entschieden, anlässlich der Fehlbenotung Beschwerde einzulegen.

9. Der Entschluss für die Beschwerde sei ihr nicht leichtgefallen.

____

____

10. Allerdings sei eine Eins sehr wichtig für sie, da sie vorhabe, sich für eine sehr begehrte Praktikumsstelle zu bewerben.

____

____

Achte Übung

Thema der Übung ist die Unterscheidung von *das* und *dass*. Bitte schließen Sie die Lücken und geben Sie an, um welches der vier Wörter es sich jeweils handelt. Sie können mit Spickzettel arbeiten:

A	Artikel *das*	begleitet Substantiv	Ersatz: *dieses, jenes*
D	Demonstrativ- pronomen *das*	zeigt auf etwas	Ersatz: *dies[es]*
R	Relativpronomen *das*	bezieht Relativsatz auf sächliches Substantiv	Ersatz: *welches*
K	Konjunktion *dass*	leitet Nebensatz ein; ist unveränderlich	Ersatz *nicht* möglich

1. Eva ist überzeugt, *dass* [*K*] sie eine bessere Note verdient hat.
2. _____ [_____] Konzept, _____ [_____] sie sich reiflich überlegt habe, sei schlüssig. _____ [_____] Ergebnis sei nachweislich richtig.
3. _____ [_____] _____ [_____] Ganze mit ein paar sprachlichen Schwächen daherkomme, sei zweitrangig.
4. _____ [_____] Form auf einmal wichtiger sein solle als Inhalt, _____ [_____] sei schwer nachvollziehbar.

5. _____ [_____] entspreche nicht dem Leitbild, _____ [_____] sonst vermittelt werde.
6. Bedenken, _____ [_____] _____ [_____] Notensystem ungerecht sei, werden immer mal wieder öffentlich diskutiert. _____ [_____] ist nicht neu.
7. Eine neue Entwicklung ist, _____ [_____] Eltern sich zunehmend in die Notengebung einmischen.
8. _____ [_____] der Sohn oder die Tochter nicht ganz _____ [_____] leisten, was sie sich vorstellen, _____ [_____] möchten sie nicht akzeptieren.
9. Vielmehr erwarten sie, _____ [_____] alle Welt sieht, was sie sehen.
10. Dabei hat _____ [_____] Bild, _____ [_____] sie sehen, zuweilen wenig mit der Wirklichkeit zu tun.

Neunte Übung

Hier können Sie nachlegen, was *das* und *dass* angeht. Es reicht, wenn Sie die Lücken schließen.

1. Fritz sagt, _das_ Seminar sei nicht hilfreich gewesen. Er habe sich geärgert, _____ er ein ganzes Wochenende damit verbracht habe.
2. Statt _____ Thema zu vertiefen, habe die Dozentin sich in Exkursen verloren.
3. Statt _____ sie auf Fragen geantwortet hätte, habe sie Monologe gehalten.
4. _____ _____ Seminar, _____ in höchsten Tönen angepriesen worden war, in der Durchführung so schlecht war, _____ habe ihn sehr enttäuscht.
5. Fritz will Frau Aling – _____ ist die Leiterin des Fachbereichs – darüber informieren.

6. Er will darauf hinwirken, _____ _____ Thema, _____ ja nun wirklich alle angeht, in einem anderen Format angeboten wird.
7. Der Auftrag des Gremiums, _____ mit der Projektentwicklung beauftragt war, ist damit erfüllt.
8. Das Ziel des Gremiums, _____ alle Lerngruppen von dem Projekt profitieren, ist erreicht.
9. Ohne _____ Mitwirken vieler Freiwilliger hätte man das Projekt niemals auf die Beine stellen können.
10. Das Projekt konnte verwirklicht werden, ohne _____ man damit in die roten Zahlen gerutscht wäre.

Dritte Lektion
Wörter: Das Verb herausstellen

In dieser Lektion geht es um die wichtigste Wortart von allen: um das Verb. Sie werden sehen, was Verben können, wie sie auftreten und welche Eigenarten sie haben. Sie werden sich mit den Verbformen beschäftigen und sich klarmachen, was durch die Konjugation (Beugung) alles vermittelt wird. Sie können außerdem lernen, wie Sie das Passiv sinnvoll nutzen und wie der Konjunktiv in der indirekten Rede funktioniert.

Nutzwert

Die Wortart Verb stellt im Satz das Prädikat (die Satzaussage). Das Prädikat prägt die Struktur des Satzes. Je mehr Sie also über Verben wissen, desto besser können Sie Sätze strukturieren.

Aktiv und Passiv werden Sie einsetzen können, um Informationen ins rechte Licht zu rücken und thematische Anschlüsse zu bauen. Damit verbessern Sie Ihren eigenen Stil – und durch Weitergeben auch den der Lernenden.

Die indirekte Rede wird Ihnen zupasskommen, wenn Sie Aussagen anderer wiedergeben. Das werden Sie in Ihren wissenschaftlichen Arbeiten tun, aber auch in Textsorten wie Gutachten oder Protokollen. Den Lernenden gegenüber können Sie eine Vorbildfunktion erfüllen, indem Sie den Konjunktiv richtig setzen.

Leistung

Verben sagen, was geschieht. Mit Verben tut sich was; ohne Verben herrscht Stillstand. Es sind die Verben, die Texte lebendig machen. Das können Sie leicht testen, indem Sie in einem Satz Verben streichen und stattdessen Substantive einsetzen. Zum Beispiel so: *Ein entsprechender Test ist möglich durch die Streichung von Verben und den ersatzweisen Einsatz von Substantiven in einem Satz*. Dieser Satz mit seinen vielen Substantiven wirkt um einiges schwerfälliger als der mit den Verben.

Verben können das Prädikat bilden und damit die Hauptrolle im Satz übernehmen. Sie bestimmen, wer sonst noch mitspielt. Es gibt

Verben, die lediglich *einen* Mitspieler – eine so genannte *Ergänzung* – verlangen: *Sie*[(1)] *stürzt*. *Sie*[(1)] *steht auf*. *Sie*[(1)] *hinkt*. Diese Verben sind einwertig. Andere Verben verlangen zwei Ergänzungen, sind also zweiwertig: *Sie*[(1)] *begegnet niemandem*[(2)]. *Niemand*[(1)] *hilft ihr*[(2)]. *Sie*[(1)] *benutzt ihr Handy*[(2)]. Andere sind dreiwertig: *Sie*[(1)] *schickt ihm*[(2)] *eine SMS*[(3)]. *Der Arzt*[(1)] *verbietet ihr*[2] *das Radfahren*[(3)]. *Er*[(1)] *empfiehlt ihr*[(2)] *Übungen*[(3)]. Die Eigenschaft des Verbs, Ergänzungen zu verlangen, nennt man *Wertigkeit* oder *Valenz*.

Verben sind für den Satz unverzichtbar. In der Rolle des Prädikats haben sie im Satz das Sagen.

Verbklassen

Im Satz treten Verben entweder allein auf oder im Verbund. Je nach Auftreten kann man vier Verbklassen unterscheiden: Vollverben, Hilfsverben, Kopulaverben und Modalverben.

- **Vollverben** sind die Verben, die eine eigenständige Bedeutung haben und damit allein ein vollständiges Prädikat bilden können. Beispiel: *Anna arbeitet. Ihr geht. Wir warten.*
- Als **Hilfsverben** dienen die drei Verben *haben*, *sein* und *werden*. Sie *helfen*, die zusammengesetzten Zeitformen und das Passiv zu bilden. Beispiel: *Anna hat gearbeitet. Ihr seid gegangen. Wir werden erwartet.*
- Als **Kopulaverben** (verknüpfende Verben) dienen die Verben *sein*, *bleiben* und *werden*. Sie sind selbst inhaltsschwach und können deshalb nur zusammen mit einer Ergänzung das Prädikat bilden. Die Ergänzung kann zum Beispiel ein Adjektiv sein oder ein Substantiv: *Anna ist fleißig. Sie bleibt Klassenbeste. Sie wird Lehrerin.* Die Aufgabe der Kopulaverben besteht darin, die Ergänzung (*fleißig*) mit ihrem Bezugswort (*Anna*) zu verknüpfen.
- **Modalverben** (die Art und Weise bestimmende Verben) sind die Verben *dürfen*, *können*, *mögen*, *müssen*, *sollen*, *wollen*. Sie treten zusammen mit einem Vollverb auf und modifizieren dessen Inhalt: *Anna kann singen. Ihr dürft mitmachen. Wir möchten zuhören.*

Einige Verben können mal so und mal so auftreten. Bitte vergleichen Sie:

> Ali hat ein altes Auto (Vollverb).
>
> Ben hat ein neues Auto gekauft (Hilfsverb).
>
> Cem wird verreisen (Hilfsverb).
>
> David wird Jugendtrainer (Kopulaverb).

Wenn Verben im Verbund mit anderen Verben auftreten, entsteht ein mehrteiliges Prädikat. Dessen Teile mögen zwar getrennt voneinander stehen, dennoch gehören sie als Einheit zusammen. Diese Zusammengehörigkeit zu erkennen ist wichtig für den Satzbau.

Untrennbare und trennbare Verben

Verben können neue Verben bilden, indem sie links vom Stamm einen zusätzlichen Baustein aufnehmen. So entstehen zum Beispiel aus dem einfachen Verb *sagen* die neuen Verben *ansagen, aussagen, besagen, entsagen, versagen*; aus *fallen* entstehen *anfallen, auffallen, gefallen, missfallen, verfallen, wegfallen, zerfallen*. Je nach Art des hinzugekommenen Bausteins unterscheidet man untrennbare und trennbare Verben.

- Bei **untrennbaren Verben** besteht das vordere Glied aus einem Präfix (einer Vorsilbe), das fest mit dem Stamm verbunden ist. Präfix und Stamm bleiben in allen Positionen zusammen: *besagen → das besagt nichts*; *entsagen, versagen, gefallen, missfallen, verfallen, zerfallen*.
- Bei **trennbaren Verben** besteht das vordere Glied aus einem Zusatz, der sich je nach Auftreten im Satz vom Stamm löst: *ansagen → sie sagt einen Test an; aussagen, anfallen, auffallen, wegfallen*. Meist handelt es sich bei dem Zusatz um eine Präposition. Da die Verbindung von Zusatz und Verb nur lose ist, spricht man auch von *unfesten Zusammensetzungen*.

Für Lernende können untrennbare und trennbare Verben zweierlei Schwierigkeiten mit sich bringen. Die eine Schwierigkeit liegt in der

Unterscheidung und betrifft vor allem solche Fälle, in denen der erste Bestandteil sowohl Präfix als auch Zusatz sein kann. Bitte vergleichen Sie:

Verb mit Präfix	**Verb mit Zusatz**
Sie *übersetzt* ein Buch.	Er *setzt* mit der Fähre *über*.
Sie *umfährt* die Baustelle.	Er *fährt* das Schild *um*.
Sie *wiederholt* die Übung.	Er *holt* den Ball *wieder*.
Sie *widerspricht* ihm.	Der Text *spiegelt* seine Meinung *wider*.

Was bei der Unterscheidung helfen kann, ist die Betonung: Bei Verben mit Präfix ist der Stammvokal des Verbs betont (*übersetzen, umfahren, wiederholen, widersprechen*); bei Verben mit Zusatz ist der Zusatz betont (*übersetzen, umfahren, wiederholen, widerspiegeln*).

Die zweite Schwierigkeit betrifft die Getrennt- und Zusammenschreibung bei trennbaren Verben, deren Zusatz nicht aus einer Präposition besteht, sondern aus einem anderen Wort, so etwa aus einem Adjektiv (*gutschreiben, krankfeiern, volltanken*) oder aus einem verblassten Substantiv (*kopfstehen, stattfinden, teilnehmen*). Siehe dazu „Verbindungen mit Verben“ in der fünften Lektion.

Die dritte – und häufigste – Schwierigkeit betrifft die Bildung des Infinitivs mit *zu* bei trennbaren Verben: *Sie hat versprochen, das Buch zurückzunehmen und den Betrag gutzuschreiben*. Hier wird das Infinitiv-zu zwischen den Zusatz und den Verbstamm geschoben. Siehe dazu „Infinitiv mit *zu* bei Verben mit Zusatz“ in der fünften Lektion.

Vorsilben sind fest mit dem Verb verbunden: beschreiben, enthalten, vergehen. Zusätze sind nur lose mit dem Verb verbunden: zurückschreiben, aufhalten, entgegengehen.

Infinitiv und finite Formen

Wenn Verben lediglich genannt werden, geschieht dies im Infinitiv (in der Grundform). So stehen sie auch im Wörterbuch. Der Infinitiv endet immer auf *-en* oder *-n*: *rechnen, basteln, schnattern*. Er ist eine infinite, eine nicht begrenzte Form. Er ist in keiner Weise festgelegt.

Im Satz wird der Infinitiv häufig um ein *zu* ergänzt. Ob ein zu-Infinitiv oder ein reiner Infinitiv steht, das wird vom Bezugswort vorgegeben: *Die Kinder haben vor zu basteln.* // *Die Kinder wollen basteln.*

Eine Festlegung des Verbs erfolgt in dem Moment, in dem es auf eine grammatische Person und Zahl bezogen wird: *rechnen* → *ich rechne, du rechnest, wir rechnen*. Jetzt ist die Form nicht mehr infinit, sondern finit. Wegen des Bezugs auf die Person heißt sie auch *Personalform*. Sie ist das Ergebnis der Konjugation (Beugung).

Der Infinitiv ist eine unbegrenzte Form; finite Formen sind durch die Festlegung auf Person und Zahl begrenzt.

Partizipien

Neben dem Infinitiv hat das Verb noch zwei weitere infinite Formen: das Partizip I und das Partizip II.

- Das **Partizip I** (Partizip Präsens, Mittelwort der Gegenwart) setzt sich zusammen aus dem Präsensstamm und der Endung *-end* bzw. *-nd*: *arbeit-end, gewinn-end, handel-nd*. Es kann eingesetzt werden wie ein Adjektiv: *Die Maßnahme soll die arbeitende* [oder: *erwerbstätige*] *Bevölkerung entlasten*. Und es kann die Stelle eines Substantivs einnehmen: *Die Arbeitenden* [oder: *Arbeiterinnen*] *sind zum Streik aufgerufen. Die Handelnden* [oder: *Akteurinnen*] *wissen, was sie tun*.
- Das **Partizip II** (Partizip Perfekt, Mittelwort der Vergangenheit) ist die Form, mit der das Perfekt (die vollendete Gegenwart) und andere zusammengesetzte Verbformen gebildet werden: *[er hat] gearbeitet, [sie hatten etwas] ausgehandelt, [sie werden] beschäftigt*. Es kann in vielen Fällen ebenfalls wie ein Adjektiv verwendet und substantiviert werden: *Beschäftigte* [oder: *Arbeitnehmer*] *können gearbeitete* [oder: *volle*] *Stunden ansparen. Das ist der ausgehandelte* [oder: *gute*] *Kompromiss*.

Die Partizipien lassen sich gut vom Wort her erklären: Sie *partizipieren* [haben Anteil] an zwei Wortarten: am Verb und am Adjektiv. Sie sind *Mittelwort* zwischen diesen Wortarten.

Partizipien stammen vom Verb; sie können gebraucht werden wie ein Adjektiv.

Konjugation

Mit der Konjugation wird das Verb festgelegt, und zwar nicht nur auf Person und Zahl, sondern gleich in fünffacher Weise. Demnach enthält ein konjugiertes Verb die folgenden Angaben:

- die grammatische **Person**: *ich rechne, du rechnest, er rechnet, wir rechnen, ihr rechnet, sie rechnen*
- den **Numerus** (die Zahlform): **Singular** (Einzahl) oder **Plural** (Mehrzahl): *ich rechne, wir rechnen*
- das **Tempus** (die Zeitform): *er malt, er hat gemalt, er malte, er hatte gemalt, er wird malen, er wird gemalt haben*
- das **Genus Verbi** (die Handlungsrichtung): **Aktiv** (Tatform) oder **Passiv** (Leideform): *du liest den Artikel; der Artikel wird gelesen*
- den **Modus** (die Aussageweise): **Indikativ** (Wirklichkeitsform), **Konjunktiv** (Möglichkeitsform) oder **Imperativ** (Befehlsform): *du liest, du läsest, lies!*

So ist einem gebeugten Verb neben der inhaltlichen Bedeutung eine Fülle weiterer Informationen zu entnehmen. Das erklärt, warum Verben so einen hohen Stellenwert haben.

Die Konjugation folgt unterschiedlichen Mustern: Sie kann schwach, stark oder unregelmäßig sein.

- Bei der **schwachen Konjugation** bleibt der Stammvokal in allen Formen erhalten: *meinen – meinte – gemeint; sagen – sagte – gesagt*. Die Vergangenheitsform erhält eine t-Endung: *meinte, sagte*. Das Partizip II endet auf *-t*: *gemeint, gesagt*.
- Bei der **starken Konjugation** findet mindestens ein Vokalwechsel statt: *kommen – kam – gekommen*; *gehen – ging – gegangen*. Die

Vergangenheitsform kommt ohne *t* aus: *kam, ging*. Das Partizip II endet auf *-en*: *gekommen, gegangen*.

- Die **unregelmäßige Konjugation** betrifft all die Verben, die weder schwach noch stark gebeugt werden. Darunter fallen zum Beispiel die Hilfsverben und die Modalverben.

Die meisten Verben werden schwach gebeugt. Deshalb kommt es vor, dass starke oder unregelmäßige Verben irrtümlich diesem Muster zugeordnet werden: *Wir haben *gegesst und dabei an dich *gedenkt.* Allerdings können solche Formen auch einem Dialekt entstammen. Ob nun Irrtum oder Dialekt, beim Unterrichten sollten die standardsprachlichen Formen vermittelt werden.

Die Konjugation mit ihren Unregelmäßigkeiten und Fachausdrücken hat es zuweilen schwer bei den Lernenden. Umso wichtiger ist es zu zeigen, was sie einem Verb an Bedeutung mitgibt.

Zeitformen

Verben bilden sechs Zeitformen; sie werden deshalb auch *Zeitwörter* genannt. Hier sind die Zeitformen im Überblick:

- das **Präsens** (die Gegenwart): *ich übe, ich gehe*
- das **Perfekt** (die vollendete Gegenwart): *ich habe geübt, ich bin gegangen*
- das **Präteritum** oder **Imperfekt** (die Vergangenheit): *ich übte, ich ging*
- das **Plusquamperfekt** (die vollendete Vergangenheit): *ich hatte geübt, ich war gegangen*
- das **Futur I** (die Zukunft): *ich werde üben, ich werde gehen*
- das **Futur II** (die vollendete Zukunft): *ich werde geübt haben, ich werde gegangen sein*

Schon die bloße Zahl der Zeitformen lässt erkennen, dass sie etwas anderes sind als die drei Zeitstufen Vergangenheit, Gegenwart und Zukunft. Zeitformen beziehen die Sprechsituation mit ein. Besonders gut lässt sich das mit dem Präsens erklären. Sehen Sie sich dazu die Beispielsätze an:

(1) Ich *lese* zurzeit eine Biographie.
(2) Wenn ich heute Abend nach Hause komme, *lese* ich noch ein Kapitel.
(3) [Protokoll] Die Lernenden *lesen* und besprechen den Artikel.
(4) [Erzählung] Es war viel zu tun gestern. Doch statt zu helfen, sitzt er da und *liest* Zeitung.
(5) [Feststellung] Die Deutschen *lesen* am liebsten Romane in gedruckter Form.

Das Präsens drückt gegenwärtiges Geschehen aus (1), und es greift in die Zukunft (2). Im Protokoll berichtet es über Vergangenes (3); in lebhaften Erzählungen macht es Vergangenes gegenwärtig (4). Und es vermittelt allgemeingültige Informationen ohne Zeitbezug (5).

Das Perfekt hat einen starken Gegenwartsbezug. Allerdings verdrängt es – vor allem im Mündlichen – mehr und mehr das Präteritum: *Ich habe drei Jahre lang Nachhilfe gegeben*. Im Präteritum liegen die Dinge weiter entfernt als im Perfekt. Es kommt überwiegend in der Schriftsprache vor: *Von 2010 bis 2013 erteilte ich Nachhilfe in den Fächern Englisch und Deutsch*. Das Plusquamperfekt wird verwendet, um Vorzeitigkeit auszudrücken: *Ich hatte bereits drei Jahre lang Nachhilfeunterricht erteilt, als ich 2014 mit dem Lehramtsstudium begann*.

Das Futur I rückt ein Geschehen in die Zukunft: *Ich werde mein Studium 20xx beenden*. Das Futur II zeigt an, dass ein Geschehen zu einem bestimmten Zeitpunkt in der Zukunft abgeschlossen sein wird: *Bis die Reform in Kraft tritt, werde ich mein Studium längst beendet haben*. Es kann außerdem Vermutungen ausdrücken: *Das ist ein gewagter Schritt. Den wird sie sich reiflich überlegt haben*.

Die Zeitformen verbinden die Zeit des Geschehens mit dem Zeitpunkt des Berichtens.

Aktiv und Passiv

Aktiv (Tatform) und Passiv (Leideform) sind die Handlungsrichtungen des Verbs. Sie zeigen einen Sachverhalt aus unterschiedlichen Perspektiven. Das Aktiv lenkt den Blick auf den Handelnden: *Anna löst die Aufgabe*. Beim Passiv dagegen spielt der Handelnde eine untergeordnete Rolle; er braucht nicht einmal genannt zu werden.

Hier geht es nämlich in erster Linie darum, wer oder was von der Handlung betroffen ist: *Die Aufgabe wird (von Anna) gelöst*.

Das Passiv kommt in zwei Varianten vor: als Vorgangspassiv und als Zustandspassiv. Das Vorgangspassiv wird mit dem Hilfsverb *werden* gebildet. Es beschreibt die Handlung, wie sie vor sich geht: *Die Eltern werden eingeladen*. Das Zustandspassiv wird mit dem Hilfsverb *sein* gebildet. Es beschreibt den Zustand, der durch die Handlung erreicht wird: *Die Eltern sind eingeladen*.

Das Aktiv ist die Normalform. Sie ist kürzer und einfacher als die Passivform, und es gibt sie von allen Verben. Das Passiv sollte nur mit gutem Grund zum Zuge kommen. Ansonsten wirkt es umständlich. Ein guter Grund liegt zum Beispiel dann vor, wenn der Handelnde für das Geschehen unwichtig ist oder aber aus strategischen Gründen nicht genannt werden soll. Ein weiterer guter Grund wäre der reibungslose Ablauf der Informationen im Text. Was damit gemeint ist, erkennen Sie am besten im Vergleich:

(1) Anna und Anton bereiten eine Exkursion ins Heimatmuseum vor. Ein sehr engagierter Heimatverein betreibt dieses Museum. Ein Historiker der Uni Mainz begleitet die Arbeit des Vereins.

(2) Anna und Anton bereiten eine Exkursion ins Heimatmuseum vor. Dieses Museum wird von einem sehr engagierten Heimatverein betrieben. Dessen Arbeit wird begleitet von einem Historiker der Uni Mainz.

In beiden Passagen läuft der erste Satz auf die Exkursion ins Heimatmuseum hinaus. In der ersten Passage geht es danach völlig unvermittelt mit einem Heimatverein weiter; dann kommt – ebenso unvermittelt – ein Historiker ins Spiel. Es gibt keine Übergänge von einem zum anderen, und entsprechend holprig liest sich der Text. In der zweiten Passage beginnt der zweite Satz mit dem bereits eingeführten Museum, und als Aussage über dieses Museum wird der Heimatverein eingeführt. Der dritte Satz beginnt mit dem nunmehr bekannten Heimatverein und führt auf dieser Grundlage den Historiker ein. So kann die jeweils neue Information mit bekannter Information verknüpft werden. Dadurch ist sie leichter zu verarbeiten. Das ist das Verdienst der Passivkonstruktionen.

Aktiv ist die Normalform, Passiv die Abweichung. Jede Abweichung braucht einen guten Grund.

Konjunktiv in der indirekten Rede

Der Konjunktiv (die Möglichkeitsform) ist eine von drei Aussageweisen: Er steht neben Indikativ (Wirklichkeitsform) und Imperativ (Befehlsform). Der Indikativ ist die Normalform; er bezieht sich auf die (vermeintliche) Wirklichkeit. Der Konjunktiv dagegen siedelt ein Geschehen im Bereich des Möglichen an. In diesem Sinne wird er für Wunschsätze gebraucht (*Ach, wäre ich doch schon fertig!*) und für irreale Bedingungssätze (*Wenn ich früher fertig geworden wäre, hätte ich mitkommen können*). Sein wichtigster Einsatzbereich jedoch ist die indirekte Rede.

Die indirekte Rede ist ein Mittel der Textwiedergabe. Sie ist das Gegenstück zur direkten Rede. In der direkten Rede wird eine Äußerung aus erster Hand vermittelt; es wird niemand zwischengeschaltet und nichts verändert. So gehen Sie bei wörtlichen Zitaten vor. In der indirekten Rede dagegen wird eine Person eingeschaltet, die über die Äußerung berichtet. Dabei bezieht sie sämtliche Angaben auf ihren Standpunkt. Bitte vergleichen Sie:

direkte Rede	**indirekte Rede**
Anton sagt zu Zora: „In meinem Schulort gibt es ein Museum, das die Geschichte des Bergbaus in der Region zeigt. Das habe ich mir letzte Woche angesehen.“	Zora erzählt uns, was Anton gesagt hat. In seinem Schulort gebe es ein Museum, das die Geschichte des Bergbaus in der Region zeige. Das habe er sich in der Woche vorher angesehen.

Die indirekte Rede steht im Konjunktiv. Andersherum gesagt: Der Konjunktiv zeigt an, dass eine Aussage mit zur indirekten Rede gehört. So braucht nicht jeder einzelne Satz eine Einleitung, die ihn als Wiedergabe kennzeichnet.

Mit dem Konjunktiv lassen sich längere Redestrecken als indirekte Rede markieren, ohne dass die Zuordnung erneuert werden muss.

Der Konjunktiv hat zwei Formen: Konjunktiv I und Konjunktiv II. Die Zahlen nehmen Bezug auf die Bildungsweise:

- Der Konjunktiv I wird aus der 1. Stammform des Verbs gebildet. Das ist die 1. Person Singular Indikativ Präsens (*ich gebe, ich zeige*).
- Der Konjunktiv II wird aus der 2. Stammform des Verbs gebildet. Das ist die 1. Person Singular Indikativ Präteritum (*ich gab, ich zeigte*).

Aus den Stammformen werden alle anderen Formen abgeleitet. Wie das geht, zeigt die folgende Tabelle.

	Ind. Präs.	**Konjunktiv I**	**Ind. Präs.**	**Konjunktiv I**
ich	**zeige**	*zeige*	**gebe**	*gebe*
du	zeigst	zeigest	gibst	gebest
er/sie /es	zeigt	zeige	gibt	gebe
wir	zeigen	*zeigen*	geben	*geben*
ihr	zeigt	zeiget	gebt	gebet
sie	zeigen	*zeigen*	geben	*geben*
	Ind. Prät.	**Konjunktiv II**	**Ind. Prät.**	**Konjunktiv II**
ich	**zeigte**	zeigte	**gab**	gäbe
du	zeigtest	zeigtest	gabst	gäbest
er/sie/es	zeigte	zeigte	gab	gäbe
wir	zeigten	zeigten	gaben	gäben
ihr	zeigtet	zeigtet	gabt	gäbet
sie	zeigten	zeigten	gaben	gäben

Die indirekte Rede bedient sich beider Formen des Konjunktivs, und zwar nach der folgenden Regel: Sie steht im Konjunktiv I, wenn dessen Formen sich von denen des Indikativs unterscheiden. Sie weicht aus auf den Konjunktiv II, wenn die Formen des Konjunktivs I so aussehen wie die des Indikativs. Das ist an den kursiv gedruckten Stellen der Fall.

Die Regel an sich ist einfach; nur sind bei ihrer Umsetzung drei verschiedene Formen im Spiel, und das empfinden viele als schwierig. Umso wichtiger ist es, dass Sie sich (und anderen) die einzelnen Schritte klarmachen:

1. Sie vergleichen das finite Verb im Ausgangssatz mit der entsprechenden Form des Konjunktivs I.
2. Wenn die Formen sich unterscheiden, bleiben Sie beim Konjunktiv I.
3. Wenn die Formen gleich sind, wechseln Sie in den Konjunktiv II.

Ausgangssatz	Konjunktiv I	Konjunktiv II
„Die Gruppe zeigt großes Interesse."	*Anton sagt, die Gruppe zeige großes Interesse.* **Diese Form (3. Person Singular) ist eindeutig.**	**Deshalb ist der Konjunktiv II nicht nötig.**
„Die Anwesenden zeigen großes Interesse."	*Er sagt, die Anwesenden zeigen großes Interesse.* **Diese Form (3. Person Plural) sieht aus wie der Indikativ.**	**Deshalb muss der Konjunktiv II stehen:** *Er sagt, die Anwesenden zeigten großes Interesse.*

Der Konjunktiv II gleicht in vielen Fällen – etwa bei schwachen Verben wie *zeigen* – den Formen des Indikativs Präteritum. Also sind diese Formen streng genommen auch nicht eindeutig. Trotzdem reichen sie in der Regel aus, um die indirekte Rede zu kennzeichnen. Die Mischung mit eindeutigen Formen und der Zusammenhang tragen zur Erkennung bei. Ist eine Erkennung jedoch *nicht* möglich, so können Sie die indirekte Rede mit einem anderen Mittel kenntlich machen: durch die Umschreibung mit *würde* plus Infinitiv. Die geht so:

Konjunktiv II	Umschreibung mit *würde*
Der Historiker sagt, er arbeite viel mit Zeitzeugen zusammen. Sie *erzählten* aus ihrem eigenen Leben und aus dem der Gemeinschaft.	Der Historiker sagt, er arbeite viel mit Zeitzeugen zusammen. Sie *würden* aus ihrem eigenen Leben *erzählen* und aus dem der Gemeinschaft.

Die Umschreibung mit *würde* ist auch dann zu empfehlen, wenn die Formen des Konjunktivs II veraltet und deshalb auffällig sind.

In der Praxis werden Sie es mit ungewöhnlichen Formen eher selten zu tun haben, dafür aber umso häufiger mit den Hilfsverben. Die werden nämlich immer dann gebraucht, wenn im Originaltext eine Form der Vergangenheit oder Zukunft steht.

Der Zeitzeuge erzählt, der Krieg *habe* grausame Wunden geschlagen. Er *werde* nie vergessen, wie schlimm es der Nachbarsfamilie ergangen *sei*.

Schon allein wegen ihrer Häufigkeit sollten Sie auf die Hilfsverben mühelos zugreifen können. Solange Ihr Zugriff noch unsicher ist, können Sie mit der folgenden Tabelle arbeiten.

	Indikativ	**Konj. I**	**Indikativ**	**Konj. I**	**Indikativ**	**Konj. I**
ich	habe	*habe*	bin	sei	werde	*werde*
du	hast	habest	bist	sei[e]st	wirst	werdest
er	hat	habe	ist	sei	wird	werde
wir	haben	*haben*	sind	seien	werden	*werden*
ihr	habt	habet	seid	seiet	werdet	*werdet*
sie	haben	*haben*	sind	seien	werden	*werden*
	Indikativ	**Konj. II**	**Indikativ**	**Konj. II**	**Indikativ**	**Konj. II**
ich	hatte	hätte	war	wäre	wurde	würde
du	hattest	hättest	warst	wär[e]st	wurdest	würdest
er	hatte	hätte	war	wäre	wurde	würde
wir	hatten	hätten	waren	wären	wurden	würden
ihr	hattet	hättet	wart	wäret	wurdet	würdet
sie	hatten	hätten	waren	wären	wurden	würden

Die indirekte Rede steht im Konjunktiv I, wenn dessen Formen eindeutig sind. Sonst steht sie im Konjunktiv II. Wenn die Formen des Konjunktivs II veraltet oder nicht als Teil der indirekten Rede zu erkennen sind, werden sie ersetzt durch die Umschreibung mit würde + *Infinitiv.*

Fragen

1. Warum kann man das Verb mit Fug und Recht „die wichtigste Wortart von allen“ nennen?

2. Welche Formen des Verbs können an die Stelle eines Adjektivs treten? Bilden Sie zu jeder Form ein Beispiel.

3. Was ist der Unterschied zwischen Verben mit Präfix (Vorsilbe) und Verben mit Zusatz? Nennen Sie fünf Beispiele zu jeder Sorte.

4. Das Passiv ist schwer zu vermitteln, wenn man mit der Bezeichnung *Leideform* kommt. Wie können Sie es besser erklären?

5. Welchen Vorteil bietet der Konjunktiv in der indirekten Rede?

Übungen

Erste Übung

Thema dieser Übung ist das Zusammenspiel der Verben. Bitte geben Sie an, worum es sich bei den markierten Verben handelt: um ein Vollverb [V], ein Hilfsverb [H], ein Kopulaverb [K] oder ein Modalverb [M].

1. Beate plant [_V_] eine Exkursion ins Besucherbergwerk Grube Bindweide. Sie hat [_V_] ein konkretes Lernziel für den Tag. Darüber hat [_H_] sie bereits mit der Museumspädagogin gesprochen.
2. Bis 1931 wurde [_____] in der Grube Bindweide Eisenerz gefördert.
3. 1986 erwachte [_____] die Grube zu neuem Leben: Sie wurde [_____] ein Schaubergwerk.
4. Seit der vollständigen Modernisierung in den Jahren 2013/14 ist [_____] das Besucherbergwerk Grube Bindweide ein unvergessliches Erlebnis für Jung und Alt.
5. An zahlreichen Erlebnisstationen erfahren [_____] Besucher alles Wissenswerte über die geologische Entstehung des Erzes.
6. In den alten Stollen wird [_____] die harte und gefährliche Arbeit der Bergleute erlebbar, wenn unter ohrenbetäubendem Lärm die Druckluftbohrer ihre Meißel in den Felsen vortreiben [_____].
7. Der Weg des Erzes zum Stahl wird [_____] eindrucksvoll durch die eigene Grubenschmiede dokumentiert, in der auch die Besucher beim Schmieden mitmachen dürfen [_____].
8. Für Schulklassen steht ein eigenes museumspädagogisches Programm bereit [_____].

9. Exkursionen sollten [_____] im Unterricht gründlich vorbereitet werden [_____].
10. Eine gründliche Vorbereitung trägt dazu bei [_____], dass die Exkursion als Lerntag verstanden wird [_____] und nicht als vermeintlich schulfreier Tag untergeht [_____].

Zweite Übung

In dieser Übung geht es um untrennbare und trennbare Verben, und zwar um solche Fälle, in denen eine Einheit sowohl Präfix als auch Zusatz sein kann. Dann hilft die Betonung weiter. Das Präfix ist unbetont; der Zusatz ist betont. Bitte markieren Sie in den folgenden Gegensatzpaaren per Unterstreichung die jeweils betonte Stelle. Beispiel: *überkochen : überfordern*. Zweck der Übung ist es, dass Sie Ihr Gehör schärfen für Betonungen, sodass Sie diese als Hilfsmittel einsetzen können.

1. mehrere Stationen durchlaufen : etwas Schlimmes durchmachen
2. ins gegnerische Lager überlaufen : eine rote Ampel überfahren
3. das Auto volltanken : ein Urteil vollziehen
4. dem Bösen widersagen : vom Berg widerhallen
5. jemanden umbringen : die Schwierigkeiten umgehen
6. im Trubel untergehen : die Patientin untersuchen
7. im Sturm umstürzen : den Feind umzingeln
8. ein Angebot unterbreiten : in der Menge untertauchen
9. ein Manöver durchschauen : ein Wort durchstreichen
10. sich eine Jacke überwerfen : sich mit jemandem überwerfen

Dritte Übung

Hier üben Sie, Partizipien zu erkennen. Bitte unterstreichen Sie sämtliche Partizipien – I und II – und geben sie deren Funktion an. Beispiele: *Er verlässt die Schule noch im laufenden Schuljahr.* [statt Adjektiv] – *Er wird uns auf dem Laufenden halten*. [statt Substantiv] – *Er wird versetzt*. [Teil der Passivform] – *Das hat er uns gestern mitgeteilt*. [Teil der Zeitform: Perfekt]

1. Die Studierenden haben sich ausgiebig mit dem Konzept beschäftigt.

   Teil der Zeitform: Perfekt

2. Ein Besuch im Bergwerk ist vielseitig verwertbar. Literarisch Interessierte werden sogleich an Zolas Roman *Germinal* denken.

3. Der Film dazu könnte im Unterricht gezeigt werden.

4. Andere denken vor allem an die Arbeitsbedingungen: Kälte, Nässe, Dunkelheit und die ständig lauernde Gefahr.

5. Die Gefahr darf nicht unterschätzt werden. Im Oktober 1963 etwa ereignete sich ein großes Unglück in Lengede: 129 Bergleute waren unter Tage, als die Grube von Wasser und Schlamm überflutet wurde.

6. Elf der eingeschlossenen Bergleute wurden erst nach vierzehn Tagen gerettet.

7. Schließlich ist Bergbau auch dann ein Thema, wenn es um das drängende Problem der Energieversorgung geht.

8. Die Katastrophe von Fukushima hat in Deutschland zum abrupten Ausstieg aus der Atomenergie geführt.

   ____

9. Seitdem wird diskutiert, wie das Land umweltschonend und kostengünstig mit Energie versorgt werden kann.

   ____

10. In den USA wird die Energiegewinnung durch Fracking vorangetrieben.

   ____

Vierte Übung

In dieser Übung können Sie sich schon einmal auf finite Verbformen einschießen. Die spielen im Satzbau eine entscheidende Rolle. Bitte unterstreichen Sie sämtliche finiten Formen. Beispiele: *Er wird uns verlassen. Er hat gesagt, dass er sich auf die neue Stelle freut.*

1. Christa beteiligt sich an einem Arbeitskreis, der sich mit dem Thema Tierschutz in der Schule beschäftigt.
2. Ziel des Arbeitskreises ist es, das Thema quer durch alle Altersstufen in möglichst vielen Fächern anzusiedeln.
3. Deshalb könnte der Arbeitskreis gut noch Zuwachs aus bislang unterbesetzten Fächern gebrauchen.
4. Am Anfang steht immer die Aufklärung. Denn viele Menschen merken gar nicht, was sie mit ihrem Handeln den Tieren antun.
5. Sie essen dreimal am Tag Fleisch, ohne auch nur einmal an dessen Herkunft zu denken.
6. Sie essen dreimal am Tag Fleisch und denken nicht einmal an dessen Herkunft.
7. Die liegt zu 98 Prozent in der Massentierhaltung, wo Tiere per Turbomast zur Schlachtreife getrieben werden.
8. Dieses Schicksal teilen allein in Deutschland rund 59 Millionen Schweine pro Jahr. Für sie ist der Stress so groß, dass sie Auffälligkeiten bis hin zum Kannibalismus zeigen.

9. Dem könnte man leicht entgegenwirken, indem man den Tieren mehr Raum gewährt. Doch das ist nicht die gängige Lösung. Die besteht darin, dass man den Schweinen die Schwänze abschneidet.
10. In den seltensten Fällen würden Menschen, die das Fleisch geschundener Tiere essen, Tieren wissentlich etwas Schlimmes antun.

Fünfte Übung

Hier üben Sie, Verbformen genauer zu bestimmen. Bitte nennen Sie für die markierten Formen die grammatische Person und die Zahlform, die Zeitform und die Handlungsrichtung (Aktiv oder Passiv). Zum Beispiel: *Er wird uns verlassen. [3. Person Singular Futur I Aktiv].* Zweck der Veranstaltung ist es, dass Sie Sicherheit gewinnen im Erfassen der Formen.

1. Dana hat einen Zeitzeugen eingeladen.

   3. Person Singular Perfekt Aktiv
   ____

2. Der Kontakt wurde über den Heimatverein hergestellt.

   ____

3. Der Zeitzeuge wird aus seinem Leben erzählen.

   ____

4. Anfangs wird ihm das Erzählen nicht leichtgefallen sein.

   ____

5. Die Teilnehmenden können Fragen stellen.

   ____

6. Du bist herzlich eingeladen teilzunehmen.

   ____

7. Zur Vorbereitung empfehle ich dir ein Buch zur Regionalgeschichte.

8. Seid ihr schon auf das Buch hingewiesen worden?

9. Der Zeitzeuge hatte als Kind unter der Wirtschaftskrise zu leiden.

10. Seine Familie hatte kaum genug zu essen, nachdem der Vater seine Arbeit verloren hatte.

Sechste Übung

Hier entwickeln Sie Fingerspitzengefühl im Umgang mit Aktiv und Passiv. Bitte entscheiden Sie für jede einzelne Passivkonstruktion, ob sie mit gutem Grund dasteht. Wenn nicht, dann übersetzen Sie bitte ins Aktiv.

1. Ein Roman über die Nazi-Zeit, der von mir uneingeschränkt empfohlen werden kann, ist *Die Bücherdiebin* von Markus Zusak.

2. Im Mittelpunkt steht ein kleines Mädchen, Liesel Meminger. Sie wird zu Beginn des Romans von ihrer Mutter zu Pflegeeltern gebracht.

3. Die Pflegeeltern, Hans und Rosa Hubermann, leben in Molching bei München. Sie sind einfache Leute, deren Größe erst nach und nach aufgedeckt wird.

____

____

4. Insbesondere von Rosa wird es Liesel anfangs nicht leicht gemacht. Sie neigt zum lauten Schimpfen. Wer nicht pariert, wird auch mal als „Saumensch“ tituliert.

____

____

5. Hans ist ruhiger und für Liesel leichter zugänglich. Er wacht an ihrem Bett, als sie von Alpträumen geplagt wird.

____

____

6. Von ihm wird Liesel das Lesen beigebracht.

____

____

7. Fortan sind Bücher ihre größte Versuchung. Nach einer Bücherverbrennung nimmt sie ein nicht verbranntes Buch aus der Asche. Dabei wird sie von der Frau des Bürgermeisters beobachtet.

____

____

8. In der Schule lernt Liesel Rudi Steiner kennen. Er steht ihr bei, als sie von den anderen Kindern gehänselt wird. Die beiden werden dicke Freunde.

____

____

9. Einen weiteren Freund hat Liesel in dem Juden Max Vandenburg. Er wird von den Hubermanns im Keller versteckt und muss für alle Welt ein Geheimnis bleiben.

____

____

10. Erzählt wird die Geschichte der Bücherdiebin übrigens vom Tod.

____

Siebte Übung

Hier üben Sie den Konjunktiv in der indirekten Rede. Bitte bringen Sie die Verben, die in eckigen Klammern stehen, in die richtige Konjunktivform.

1. Bei einer Umfrage zum Leseverhalten gaben die meisten Befragten an, sie [lesen] ___läsen___ am liebsten auf dem Sofa oder im Sessel. Dort [können] ____________ sie sich entspannen und konzentrieren zugleich.
2. Das [gelten] ____________ allerdings nur für Unterhaltungsliteratur. Ein wissenschaftlicher Text [lesen] ____________ sich besser am Schreibtisch und mit einem Stift in der Hand. So [können] ____________ man ihn gleich bearbeiten.
3. Viele gaben an, sie [folgen] ____________ bei der Auswahl ihrer Lektüre den Empfehlungen ihrer Bekannten. Sie selbst

[empfehlen] ____________ auch Titel, die ihnen besonders gut [gefallen] ____________.

4. Zur Lesehäufigkeit sagten die meisten, sie [haben] ____________ gerne mehr Zeit zum Lesen. Zwar [nutzen] ____________ sie jede Gelegenheit, zum Buch zu greifen, dennoch [können] ____________ es Wochen dauern, bis sie ein Buch zu Ende [bringen] ____________.
5. Das [empfinden] ____________ sie selbst als frustrierend. Denn oft [verlieren] ____________ man von einer Sitzung zur nächsten den roten Faden. Am Ende [blättern] ____________ man nur noch hin und her, um Anschluss zu finden, und das [machen] ____________ keinen Spaß mehr.
6. Demgegenüber [haben] ____________ Filme den Vorteil, dass die Geschichte innerhalb eines Abends über die Bühne [gehen] ____________. In einer arbeitsreichen Woche [passen] ____________ das besser ins Programm als ein Buch.
7. In der Regel [verzichten] ____________ sie darauf, Film und Buch miteinander zu vergleichen. Wenn sie die Geschichte einmal [kennen] ____________, [reichen] ____________ das aus.
8. Zur Herkunft ihrer Bücher erklärten die Befragten, vorzugsweise [entleihen] ____________ sie Titel aus der Bibliothek oder [tauschen] ____________ untereinander. Paperback-Ausgaben [kaufen] ____________ sie auch neu; Hardcover-Ausgaben [sein] ____________ ihnen zu teuer.
9. In diesem Zusammenhang kritisierten sie die Öffnungszeiten öffentlicher Bibliotheken: Wer um 10:00 Uhr [öffnen] ____________ und um 18:00 Uhr [schließen] ____________, [machen] ____________ sich für viele unerreichbar.

10. Auf die Frage nach ihrem letzten Buch mussten einige der Befragten passen: Sie [wissen] ____________ nicht mehr, wovon es gehandelt [haben] ____________. Es [liegen] ____________ wohl schon etwas länger zurück.

Achte Übung

Bitte geben Sie die folgenden Aussagen in indirekter Rede wieder.

1. Ich werde nächsten Dienstag mit meiner Klasse die Grube Bindweide besuchen. Auf diesen Besuch haben wir lange hingearbeitet. Die Klasse ist in Arbeitsgruppen aufgeteilt, und jede Gruppe wird ihren eigenen Fragen nachgehen. Dabei steht die Museumspädagogin als Ansprechpartnerin zur Verfügung.

   Sie sagte, *sie werde am darauffolgenden Dienstag ...*

   ____

   ____

   ____

   ____

   ____

   ____

2. Unsere Tierschutz-AG arbeitet schon allein deshalb fächerübergreifend, weil sie die Massentierhaltung in ihrem größeren Zusammenhang sieht. Da spielt zum Beispiel der Welthunger eine Rolle. 60 Prozent der Futtermittel werden aus so genannten Entwicklungsländern importiert. Dort wiederum werden die Menschen nicht satt. Mit unserem Fleischkonsum essen wir ihnen den Teller leer.

   ____

   ____

   ____

3. Wir haben als Letztes die *Die Bücherdiebin* gelesen. Der Roman handelt von einem kleinen Mädchen, das die Nazi-Zeit in einer Pflegefamilie erlebt. Die Pflegemutter ist eine derbe Frau, die mit Schimpfwörtern nur so um sich wirft. Doch unter der rauen Schale verbirgt sich ein gutes Herz.

Neunte Übung

In dieser Übung schärfen Sie Ihren Korrekturblick. Der folgende Text enthält etliche Fehler, die alle mit dem Verb zu tun haben. Bitte berichtigen Sie die Fehler.

Eva hat chronische Geldprobleme. Dabei hält sie sich selbst für eine Weltmeisterin im Sparen. Sie verbringt Stunde um Stunde am PC und googled sich Angebote zusammen. Dabei springt sie von einem Schnäppchen zum nächsten und will sich am Ende keines entgehen lassen. Also käuft sie viel mehr, als sie tatsächlich bräuchte. Sie selbst bestreitet das. Sie betriebe Vorratshaltung, sagt sie. Irgendwann würde sie die Dinge schon nutzen. Es hätte eben alles seine Zeit, so stünde es schon in der Bibel. Bis diese Zeit kommt, steht der Krempel in ihrer Wohnung herum und macht das Gehen zu einem Hindernislauf. Der Schrank im Flur ist so voll, dass man Anlauf nehmen muss, um ihn zuzumachen. Am anstrengensten aber dürfte das Saubermachen sein, denn dabei gibt es tausend Staubfänger zu verrücken. Alles in allem ist es bedrückend eng, und das hälst du auf die Dauer nicht aus. Deshalb habe ich auch dankend abgewunken, als Eva angeboten hat, mich beim Einkaufen zu beraten.

Vierte Lektion
Groß- und Kleinschreibung: Die Methode erkennen

Diese Lektion behandelt die Frage, wie man erkennt, ob ein Wort groß- oder kleingeschrieben wird. Ausgangspunkt ist das Substantiv, die einzige Wortart, die grundsätzlich großgeschrieben wird. Vom Substantiv aus werden die Fälle betrachtet, in denen Wörter anderer Wortarten für ein Substantiv eintreten. Das sind die so genannten Substantivierungen. Die machen den größten und wichtigsten Teil der Groß- und Kleinschreibung aus. Danach folgen noch die kleineren Bereiche der Anreden, Eigennamen, Zeitangaben und Satzanfänge.

Nutzwert

Die Groß- und Kleinschreibung ist eine Lesehilfe, wenn man sie beherrscht; sie ist eine nie versiegende Fehlerquelle, wenn man sie nicht verstanden hat. Es werden Ihnen also viele Fehler in der Groß- und Kleinschreibung begegnen. Denen können Sie am besten entgegentreten, indem Sie zeigen, dass die Sache System hat.

Das System zu durchschauen ist nicht zuletzt deshalb so wichtig, weil die meisten Zweifelsfälle, die Substantivierungen, nicht durch Nachschlagen geklärt werden können. Sie ergeben sich erst beim Schreiben und sind in keinem Wörterbuch erfasst. Selbst Googeln hilft nicht weiter. Mit Substantivierungen sind Sie sich selbst überlassen.

Wenn Sie einmal fit sind in der Groß- und Kleinschreibung, genießen Sie gleich eine ganze Reihe von Vorteilen: Sie können (nicht nachschlagbare) Zweifelsfälle klären; Sie können anderen erklären, wie's geht; Sie können in Ihren eigenen Texten Fehler vermeiden; und Sie finden sich beim Lesen leichter zurecht.

Substantive

Substantive werden immer großgeschrieben. Ausführlich behandelt sind sie in der zweiten Lektion; deshalb geht es hier nur noch um *eine* Frage: Woran erkennt man sie? Dazu gibt es vier deutliche Hinweise:

1. **den Inhalt**
   Ein Teil der Substantive bezeichnet Dinge und Lebewesen. Dann gilt: Alles, was man anfassen kann, schreibt man groß.
2. **typische Endungen**
   Ein Teil der Substantive hat typische Endungen: *das Mädchen, die Schönheit, die Eitelkeit, der Winzling, das Zeugnis, die Täterschaft, der Reichtum, die Untersuchung*.
3. **ein festes Geschlecht**
   Jedes Substantiv hat ein festes Geschlecht. Dies wird durch einen Artikel (ein Geschlechtswort) angezeigt. Einem Substantiv kann also immer ein *der*, *die* oder *das* vorangestellt werden. Der betreffende Artikel ist sogar mit im Wörterbuch verzeichnet.
4. **ein typisches Umfeld**
   Substantive stehen im Satz nicht irgendwo, sondern in einem typischen Umfeld. Dazu gehören vorausgehende Artikel und Artikelwörter sowie gebeugte Adjektive und Partizipien: *die Stunde, unsere Stunde, die letzte Stunde, die ausgefallene Stunde*. Oft sind Substantive Teil einer Präpositionalphrase: *in unserer nächsten Stunde*.

Substantive können über ihr Umfeld ermittelt werden. Immer wenn ein Artikel oder Artikelwort, ein gebeugtes Adjektiv oder Partizip dasteht oder dastehen könnte, ist die Stelle eines Substantivs zu besetzen.

Substantivierungen

Substantivierung bedeutet, dass ein Wort, das von der Wortart her kein Substantiv ist, im Satz an die Stelle eines Substantivs tritt. Es wird dann wie ein Substantiv behandelt, also auch großgeschrieben. *Substantivierung* bezeichnet sowohl den Vorgang als auch das Ergebnis. Umgesetzt wird sie so:

(1) Der Kurs *diskutiert* Verkaufsstrategien. → Beim *Diskutieren* der Verkaufsstrategien geht es heiß her.
(2) Man sollte die Kundschaft *nett* begrüßen. → Man sollte die Kundschaft mit etwas *Nettem* begrüßen.

Im ersten Beispiel betrifft die Substantivierung ein Verb. Im Ausgangssatz sehen Sie das Verb *diskutieren* mit einem verbalen Auftrag:

Es stellt das Prädikat (die Satzaussage). Es ist so gebeugt, dass es zum Subjekt passt, zum *Kurs*. In dieser auf die Person bezogenen Form, der Personalform, werden Verben immer kleingeschrieben. Im Folgesatz, in der Substantivierung, hat das Verb *diskutieren* die Position eines Substantivs übernommen. Hier könnte genauso gut ein ursprüngliches Substantiv stehen, zum Beispiel *Vergleich*. Zu erkennen ist die dem Substantiv bzw. der Substantivierung vorbehaltene Stelle an dem vorausgehenden *beim*. Das ist die zusammengezogene Form von *bei* (Präposition) + *dem* (Artikel). Das substantivierte *Diskutieren* trägt sämtliche Merkmale eines Substantivs: Es hat ein festes Geschlecht, und zwar ein sächliches, und es steht in dem von der Präposition vorgegebenen Fall, im Dativ.

Im zweiten Beispiel wird ein Adjektiv substantiviert. Im Ausgangssatz ist das Adjektiv *nett* adverbial verwendet (siehe dazu „Adjektiv" in der zweiten Lektion); es wird mit *wie?* erfragt. Im Folgesatz ersetzt das Adjektiv ein Substantiv, zum Beispiel *Plauderei*. Hinweise auf die Substantivierung sind die Präposition *mit* und das Artikelwort *etwas*.

Substantivierungen kommen am häufigsten bei Verben und Adjektiven vor, aber sie sind auch bei den anderen Wortarten möglich. Sehen Sie sich das in Beispielen an:

(1) **Pronomen**: Kennst *du* die neue Lehrkraft? → Sie hat uns allen das *Du* angeboten.
(2) **Adverb**: Wir sollten besprechen, *wohin* die Reise geht. → Wir sollten das *Wohin* klären.
(3) **Konjunktion**: Er möchte nach Köln fahren *oder* nach Frankfurt. → Ein *Oder* bringt uns nicht weiter.
(4) **Präposition**: Wir stimmen *für* Köln. → Habt ihr euch das *Für* und Wider gut überlegt?
(5) **Partikel**: O *ja*, das haben wir. → Das war ein einstimmiges *Ja*.

Das Prinzip funktioniert genau wie beim Verb und beim Adjektiv: Das Ausgangswort wird kleingeschrieben. Dann tritt es an die Stelle eines Substantivs – mit all ihren typischen Merkmalen – und wird wie ein Substantiv großgeschrieben.

Im Zweifel hilft ein Ersatztest weiter: Wenn das fragliche Wort durch ein echtes Substantiv ersetzt werden kann, muss es substantiviert und großgeschrieben werden. Ansonsten wird es kleingeschrieben.
Beispiel: mit GELB? überstreichen → *Ersatztest:* mit Farbe überstreichen → *Ergebnis:* mit Gelb überstreichen

Für die Substantivierung kommen nicht nur einzelne Wörter in Frage, sondern auch Wortgruppen. Diese werden je nach Anzahl und Beschaffenheit ihrer Glieder entweder zusammengezogen oder per Bindestrich aneinandergereiht. In den Aneinanderreihungen mit Bindestrich werden nur das erste Wort und die substantivischen Bestandteile großgeschrieben; der Rest bleibt klein. Sehen Sie sich auch dazu Beispiele an:

(1) Die Schülerinnen *machen* Pakete *fertig*. → Beim *Fertigmachen* der Pakete darf der Inhalt nicht beschädigt werden.
(2) Sie üben, *Schleifen* zu *binden*. → Das *Schleifenbinden* will geübt sein.
(3) Sie *malen Plakate* fürs Schaufenster. → Beim *Plakate-Malen* ist Kreativität gefragt.
(4) Sie *formulieren* nicht gleich *ins Reine*. → Das *Ins-Reine-Formulieren* kommt erst nach einigen Versuchen.
(5) Die Kundin *will immer das größte Stück* vom Kuchen. → Wie reagiert man auf ein solches *Immer-das-größte-Stück-Wollen*?

Bei der Frage, ob eine Zusammensetzung oder eine Aneinanderreihung mit Bindestrich zu bilden ist, spielt die Lesbarkeit eine entscheidende Rolle. Die Beispiele (1) und (2) etwa sind ohne Mühe als Zusammensetzungen zu lesen. In Beispiel (3) sieht das schon anders aus: Über eine Zusammensetzung *Plakatemalen* würde womöglich doch der eine oder die andere stolpern. Deshalb ist die Schreibung mit Bindestrich zu bevorzugen. In den Beispielen (4) und (5) sind die Bindestriche ein Muss; denn ohne Bindestriche wären die Substantivierungen nicht lesbar.

Bitte beachten Sie: Auch umfangreiche Substantivierungen wie in den Beispielen (4) und (5) können durch ein einziges Substantiv ersetzt werden: *Das Ins-Reine-Formulieren // Schlusswort kommt erst nach einigen Versuchen. Wie reagiert man auf ein solches Immer-das-größte-Stück-Wollen // Gehabe?* Unabhängig vom zugrunde liegenden Material ist das Prinzip der Substantivierung immer gleich.

Die Substantivierung ist vom Prinzip her sehr einfach: Ein Nicht-Substantiv besetzt die Stelle eines Substantivs. Es nimmt die Merkmale eines Substantivs an. Es kann durch ein echtes Substantiv ersetzt werden.

Anreden

Bei Anreden wird unterschieden zwischen der vertraulichen Anrede *du* bzw. *ihr* und der förmlichen Anrede *Sie*.

Die Anredepronomen *du* und *ihr* und die entsprechenden possessiven Artikelwörter (*dein*, *euer*) werden im Allgemeinen kleingeschrieben. In Briefen kann man sie auch großschreiben. Auf jeden Fall sollte die einmal gewählte Schreibweise innerhalb eines Schriftstücks beibehalten werden.

Das Anredepronomen *Sie* und das dazugehörige possessive Artikelwort (*Ihr*) werden immer großgeschrieben. Das ist eine klare Ansage. Wenn trotzdem Fehler gemacht werden, liegt das in den meisten Fällen daran, dass Bezüge durcheinandergebracht werden. Dazu ein Beispiel:

> Sehr geehrte Frau Aling,
> vielen Dank für Ihr (1) Schreiben vom 15.05.20xx. Wir bedauern es sehr, dass Sie (2) mit dem Service unserer Auszubildenden, Frau Beling, nicht zufrieden waren. Wir haben Ihre (3) Kritik sehr ernst genommen und ausführlich mit Frau Beling gesprochen. Im Gespräch hat sie (4) uns die Situation aus ihrer (5) Sicht geschildert. Aufgrund ihrer (6) Schilderung sind wir überzeugt, dass sie (7) Ihnen (8) die gewünschte Ware keineswegs vorenthalten wollte. ...

Die markierten Pronomen und Artikelwörter haben unterschiedliche Bezugspersonen: einmal Frau Aling, die Kundin, die angesprochen wird (1, 2, 3, 8), und einmal Frau Beling, die Auszubildende, über die gesprochen wird (4, 5, 6, 7). Großgeschrieben sind die Pronomen und Artikelwörter nur da, wo sie sich auf die angeredete Person beziehen. Für alle anderen gilt die reguläre Kleinschreibung.

Beim Duzen wird kleingeschrieben, beim Siezen groß. Bei der Großschreibung ist auf die richtige Zuordnung der Pronomen und possessiven Artikelwörter zu achten.

Eigennamen

Eigennamen werden großgeschrieben. Das gilt nicht nur für Personennamen, sondern auch für die Namen von Ämtern und Institutionen, von Straßen, Orten und Bauwerken, von historischen Ereignissen und besonderen Kalendertagen. Die Regel macht sich vor allem dann bemerkbar, wenn der Name ein Adjektiv oder Partizip enthält, das ansonsten kleingeschrieben würde. Als Teil des Namens ist es großzuschreiben. Beispiele sind *der Regierende Bürgermeister, die Leitende Oberärztin, die Vereinten Nationen, der Christliche Verein Junger Menschen, Am Alten Hafen, Am Sonnigen Hang, das Rheinische Schiefergebirge, das Schwarze Meer, der Lange Eugen, der Schiefe Turm von Pisa, die Französische Revolution, der Kalte Krieg, der Erste Mai, der Heilige Abend.* Bitte beachten Sie: Die Großschreibung in diesen Fällen hat nichts mit Substantivierung zu tun; sie ist allein der Namensregel geschuldet.

Adjektive und Partizipien, die Teil eines Namens sind, werden großgeschrieben.

Ableitungen von geographischen Eigennamen

Von geographischen Eigennamen lassen sich auf unterschiedliche Weise Adjektive ableiten: mit der Endung *-er* oder mit der Endung *-isch*. Die mit *-er* abgeleiteten Adjektive werden großgeschrieben: *der Aachener Dom, die Dresdner Stadtverwaltung, die Rosenheimer Bevölkerung*. Die mit *-isch* abgeleiteten Adjektive werden kleingeschrieben: *indische Filme, hessische Kommunen, der mecklenburgische Tourismus*. Fallen sie jedoch unter die Namensregel, dann sind sie großzuschreiben: *der Indische Ozean, der Hessische Landtag, die Mecklenburgische Seenplatte*.

Ableitungen von geographischen Namen auf -er werden großgeschrieben, Ableitungen auf -isch werden kleingeschrieben.

Zeitangaben

Zeitangaben kommen in unterschiedlichen Formaten daher: mal als Substantiv, mal als Adverb, mal in Kombination. Als Substantiv werden sie großgeschrieben, als Adverb klein. Also gilt es, das eine vom anderen zu unterscheiden. Dabei hilft wieder das typische Umfeld des Substantivs: Artikel und Artikelwörter, gebeugte Adjektive und Partizipien. Die folgenden Beispiele zeigen alle möglichen Varianten im Überblick:

(1) **Substantiv (mit Begleitern) im Akkusativ**: Das Treffen fand letzten *Montag* statt.
(2) **Substantiv (mit Begleitern) im Genitiv**: Am späten Vormittag des betreffenden *Montags* wurde die Entscheidung verkündet.
(3) **zusammengesetztes Substantiv (mit Begleitern)**: In der Kantine gab es vorigen *Montagmittag* nur ein Gesprächsthema.
(4) **Adverb**: Normalerweise ist *montags* viel zu tun.
(5) **zusammengesetztes Adverb**: Schließlich kommen *montagmorgens* die meisten Anfragen.
(6) **zwei getrennte Adverbien**: Deshalb hat *montags morgens* (bitte das *-s* beachten!) kaum jemand Zeit für große Besprechungen.
(7) **Adverb + Substantiv**: Wir haben *gestern Nachmittag* das Protokoll erhalten.

In den Beispielen (1) bis (3) sind die typischen Begleiter des Substantivs vorhanden (*letzten*; *des betreffenden, vorigen*). In den Beispielen (4) bis (6) liegen Adverbien vor, die alle an ihrem Endungs-s zu erkennen sind: *morgens, mittags, montags, dienstags, montagmorgens, dienstagmittags, montags morgens, dienstags mittags*. Beispiel (7) zeigt eine Kombination, die Sie am besten als Lernwort verbuchen: *gestern Nachmittag, heute Morgen, morgen Abend, übermorgen Mittag*.

Zeitangaben in Form von Adverbien werden kleingeschrieben. Zeitangaben in Form von Substantiven werden großgeschrieben. Bei der Unterscheidung hilft es, Ausschau zu halten nach dem typischen Umfeld des Substantivs.

Satzanfang

Das erste Wort im Satz wird großgeschrieben. Mit dieser Regel sind die meisten Fälle zweifelsfrei abgedeckt. Unsicherheiten gibt es bisweilen beim Doppelpunkt. Hier gilt die folgende Regel: Folgt nach dem Doppelpunkt ein vollständiger Satz, dann wird großgeschrieben. Folgt nach dem Doppelpunkt lediglich ein Wort, eine Wortgruppe oder ein Teilsatz, dann wird je nach Wortart groß- oder kleingeschrieben. In der Umsetzung sieht das so aus:

(1) Die Schülerinnen üben sich im dekorativen Gestalten: *Sie* entwerfen Handzettel und Plakate und planen ein Werbeschaufenster.
(2) Die Schülerinnen üben sich im dekorativen Gestalten: *im* Entwerfen von Handzetteln und Plakaten sowie im Planen eines Werbeschaufensters.

Wenn es nach dem Doppelpunkt mit einem vollständigen Satz weitergeht, wird großgeschrieben.

Fragen

Stellen Sie sich vor, die folgenden Fragen kommen aus Ihrer Lerngruppe. Antworten Sie so viel wie nötig, so wenig wie möglich. Achten Sie darauf, dass Ihre Antworten schlüssig und nachvollziehbar sind.

1. Wozu ist die Großschreibung überhaupt gut?

2. Warum reicht es nicht, dass ich mich ans Wörterbuch halte?

3. Woran erkenne ich, ob *ihr* in einem Brief groß- oder kleingeschrieben wird?

4. „Das ist ein guter *Französischer Wein." Hier ist *Französischer* großgeschrieben, weil es auf *-er* endet. Was ist daran falsch?

5. „Ich gehe *morgens* in aller Frühe joggen. Letzte Woche saß eines *Morgens* eine fremde Katze vor der Tür." – Für mich sieht *morgens* immer gleich aus. Warum wird es einmal klein- und einmal großgeschrieben?

Übungen

Erste Übung

Thema dieser Übung ist die Substantivierung von Verben. Bitte entscheiden Sie, ob die in Großbuchstaben dastehenden Verben groß- oder kleinzuschreiben sind. Achten Sie dabei auf die Hinweise aus dem Umfeld. Beispiel: *Zum VERTEILEN* Verteilen *der Aufgaben sind wir noch nicht gekommen. (Hinweis sind die Präposition* zu *und der Artikel* dem.*)*

1. Die Schülerinnen werden gemeinsam ein Schaufenster GESTALTEN gestalten. Bevor sie loslegen, besprechen sie, worauf zu ACHTEN ____________ ist. Beim GESTALTEN ____________ ist das PLANEN ____________ die halbe Miete.
2. Ein wichtiger Schritt ist das BEGRENZEN ____________ der Ausstellware. Es soll nur so viel ausgestellt werden, wie der Betrachter innerhalb von ca. 15 Sekunden ERFASSEN ____________ kann.
3. Durch kluges ANORDNEN ____________ der Ware kann man dem Betrachter das ERFASSEN ____________ erleichtern.
4. Die Ware sollte nicht in lauter Einzelteilen AUSLIEGEN ____________. Günstiger ist es, beim AUSLEGEN ____________ kleine Gruppen zu BILDEN ____________.
5. Beim PLATZIEREN ____________ der Gruppen sollte man Mindestabstände EINHALTEN ____________. Ohne EINHALTEN ____________ der Mindestabstände gefährdet man die Übersicht.
6. Wichtig ist auch das HERAUSBILDEN ____________ von Schwerpunkten. Gleichmäßiges VERTEILEN ____________ über die gesamte Fläche wirkt fantasielos und langweilig.

7. Zum BETONEN ____________ der Ware können Auslagehilfen benutzt werden. Untersätze, Bänder oder Farbkontraste können Ware auf sehr unterschiedliche Weise BETONEN ____________.
8. Bei aller Freude am kreativen ARBEITEN ____________ wird leicht etwas Wichtiges VERGESSEN ____________: die vorgeschriebene Preisauszeichnung. Denken Sie ans AUSZEICHNEN ____________ der Ware!
9. Schaufensterwaren dürfen durch Erschütterungen nicht ins WANKEN ____________ geraten. Denn gleich nach dem WANKEN ____________ kommt das UMFALLEN ____________, und das ist schlecht.
10. Nur durch tägliches KONTROLLIEREN ____________ kann man sicherstellen, dass das Schaufenster jederzeit ordentlich und einladend aussieht.

Zweite Übung

In dieser Übung geht es um die Substantivierung von Adjektiven und Partizipien. Bitte entscheiden Sie, ob die Wörter, die in Großbuchstaben dastehen, groß- oder kleinzuschreiben sind. Beispiel: *Dieser Kunde ist im ALLGEMEINEN Allgemeinen sehr FREUNDLICH freundlich.*

1. In der letzten Stunde wurde VERSCHIEDENES Verschiedenes besprochen. Unter anderem ging es um VERSCHIEDENE verschiedene Kundentypen.
2. Durch und durch UNBELIEBT ____________ ist der NÖRGELNDE ____________ Kunde. Der findet immer etwas NEGATIVES ____________. Zuckerbrezeln sind ihm zu ZUCKRIG ____________, Salzbrezeln zu SALZIG ____________. Man hätte gute Lust, ihm etwas WAHRHAFT ____________ VERSALZENES ____________ zu reichen.

3. Eine Schülerin erzählt von einem seltsamen Paar. Die ÄLTERE ____________ Frau sei sehr HÖFLICH ____________, die JÜNGERE ____________ dagegen immer auf Streit ERPICHT ____________.
4. Widersprechen sei ZWECKLOS ____________. Am SINNVOLLSTEN ____________ sei es, sie nicht weiter zu beachten.
5. Eine andere Schülerin berichtete von Schwierigkeiten mit einer Gruppe von JUGENDLICHEN ____________. Diese machten sich ein Späßchen daraus, sie BLÖDES ____________ Zeug zu fragen und damit den Betrieb aufzuhalten. Sollte man darauf etwas ebenso BLÖDES ____________ erwidern?
6. Im GROSSEN ____________ und GANZEN ____________ sind JUGENDLICHE ____________ Kunden eher UNKOMPLIZIERT ____________. Sie kommen, kaufen und gehen – ohne viel ÜBERFLÜSSIGES ____________ Gerede. Noch dazu kaufen sie viel ÜBERFLÜSSIGES ____________.
7. Ein Thema für sich sind die vielen UNENTSCHLOSSENEN ____________, die eine halbe Stunde zwischen Salz- und Zuckerbrezel schwanken. Solchen UNENTSCHLOSSENEN ____________ Kunden sollte man auf die Sprünge helfen.
8. Schwatzhafte Kunden erzählen allerlei NEUES ____________, was mehr oder minder SPANNEND ____________ ist. Das SPANNENDSTE ____________ jedoch kriegt man selten mit. Denn im ENTSCHEIDENDEN ____________ Moment ist man meist mit etwas anderem beschäftigt.
9. Am LANGWEILIGSTEN ____________ sind die vielen Geschichten, die von DIVERSEN ____________ Zipperlein handeln. Manchmal fragt man sich, ob denn nur noch STERBENSKRANKE ____________ in den Laden kommen.

10. Da ist es BERUHIGEND ____________ zu sehen, dass diese angeblich so KRANKEN ____________ Kunden mit GESUNDEM ____________ Appetit zulangen, wenn etwas LECKERES ____________ umsonst angeboten wird.

Dritte Übung

Hier üben Sie sich in der Beweisführung. Ihre Aufgabe besteht darin, die markierten Substantivierungen durch ursprüngliche Substantive zu ersetzen. Diese brauchen nicht mit der Substantivierung verwandt zu sein. Hat das Substantiv ein anderes Geschlecht als die Substantivierung, dann nehmen Sie bitte die notwendigen Anpassungen vor. Beispiel: *Zum Üben eignen sich Prüfungsfragen aus der Verkaufskunde*. → Ersatz: *Zur Übung eignen sich* … Was zu zeigen ist: Das substantivierte Wort ersetzt ein Substantiv.

1. Was gehört alles zu einem gepflegten Äußeren?

   Erscheinungsbild

2. Wann ist Parfüm zu viel des Guten?

   ____

3. Was wissen Sie über die Bedeutung des Begrüßens?

   ____

4. Was bewirken Sie mit dem Nennen der Namen und Titel der Kunden?

   ____

5 Wie bedienen Sie eine Kundin, die sagt, sie habe Lust auf etwas Süßes?

   ____

6. Was tun Sie, wenn Sie beim Einpacken der Ware plötzlich niesen müssen?

   ____

7. Wie können Sie beim Herausgeben des Wechselgeldes auf Nummer sicher gehen?

   ____

8. Geizige sind daran zu erkennen, dass sie auch am Nötigsten sparen.

   ____

9. Schlechtes Licht führt zum Ermüden der Augen.

   ____

10. Bei der Prüfung kann alles Mögliche abgefragt werden.

   ____

Vierte Übung

Mit dieser Übung können Sie sich darauf gefasst machen, dass für die Substantivierung alle möglichen Wortarten in Frage kommen. Zu diesem Zweck ist in den folgenden Sätzen alles außer den Satzanfängen kleingeschrieben. Bitte markieren Sie die Stellen, wo Großschreibung angesagt ist.

1. Dem kräftigen hurra ist zu entnehmen, dass alle auszubildenden die prüfung bestanden haben.
2. Das bestehen haben sie sich hart erarbeitet. In den betrieben haben sie das praktische gelernt, in der schule das theoretische. Beides haben sie klug und aufmerksam miteinander verbunden.
3. Sie haben noch etwas zusätzliches getan, was lange nicht selbstverständlich ist: Sie haben sich im miteinander gegenseitig gestärkt.
4. Sie alle werden geschätzte kolleginnen und kollegen sein und in ihren betrieben viel gutes bewirken.
5. Das viele lernen vor der prüfung war sehr anstrengend. So etwas anstrengendes hatten viele noch nicht mitgemacht. Umso höher ist ihr durchhalten zu bewerten.
6. Das bemerkenswerte an diesem kurs war, dass niemand im abseits stand.
7. Wer abseits von allen anderen steht, kommt sich leicht wie ein niemand vor.

8. Oft sind gerade solche menschen leichte beute für radikale organisationen. Denn für sie ist das hier und jetzt so quälend, dass sie nach jedem vermeintlichen rettungsanker greifen.
9. Wenn dann etwas schlimmes von ihnen verlangt wird, trauen sie sich nicht, mit einem deutlichen nein zu widersprechen.
10. So kommt es, dass sie sich auf geschehen einlassen, das ihnen am ende über den kopf wächst.

Fünfte Übung

Thema dieser Übung ist die Substantivierung mehrteiliger Ausdrücke. Dabei spielt auch die Getrennt- und Zusammenschreibung eine Rolle: In der Regel bilden zwei Bestandteile eine Zusammensetzung, drei oder mehr Bestandteile eine Aneinanderreihung mit Bindestrich. Ausschlaggebend ist immer die Lesbarkeit. Ihre Aufgabe besteht darin, aus den markierten Wortgruppen Substantivierungen zu bilden, die geeignet sind, die Lücken zu schließen. Beispiele: *Anna spielt Fußball. → Sie will Mädchen fürs Fußballspielen begeistern. Anton will diese wichtige Entscheidung nicht übers Knie brechen. → Er hält nichts vom Übers-Knie-Brechen wichtiger Entscheidungen.*

1. Wer gut rechnen kann, kann auch gut Wechselgeld herausgeben. → Beim Wechselgeld-Herausgeben muss man sehr genau hinschauen.
2. Der Verkäufer bringt noch schnell seine Haare in Ordnung, bevor er den Kuchen einpackt. → Das ____________________ während des Bedienens wirkt abstoßend auf die Kunden.
3. Er putzt sich die Nase mit einem schmutzigen Taschentuch. → Durch das ____________________ mit einem schmutzigen Taschentuch können Krankheiten übertragen werden.
4. Zu den Hygienevorschriften gehört unter anderem, dass man sich regelmäßig die Hände wäscht. → Regelmäßiges ____________________ gehört mit zu den Hygienevorschriften.
5. Die Kollegin nutzt die Pause, um Make-up aufzutragen. → Beim ____________________ rieselt Puder auf ihren Kittel.

6. Die Kundin besteht darauf, entweder sofort mit dem Chef zu sprechen oder ihr Geld zurückzubekommen. → Wie sollte die Auszubildende mit dem __________________ der Kundin umgehen?
7. Die Kundin beschwert sich sowohl über den Service als auch über die Ware. → Ihr __________________ zeigt das Ausmaß ihres Ärgers.
8. Der alte Herr erzählt Geschichten, die bis zum Zweiten Weltkrieg zurückreichen. → Das __________________ ist der eigentliche Grund, warum er einkaufen geht.
9. Er sagt, er könne sich nicht mehr aufregen. → Dieses __________________ sei ein Privileg seines Alters.
10. Bei der Diskussion ist die Stunde vollends aus dem Ruder gelaufen. → Das __________________ hat bereits vor der Diskussion angefangen.

Sechste Übung

Thema dieser Übung sind Anreden. Bitte entscheiden Sie für die Artikelwörter und Pronomen, die in Großbuchstaben dastehen, ob sie groß- oder kleinzuschreiben sind.

1. Hallo in die Runde,
   habt IHR _ihr_ schon etwas vorbereitet für unser nächstes Treffen? Von Anna weiß ich, dass SIE _____ gerne IHRE _____ Fragen loswerden möchte. Sie wird SIE _____ uns vorher mailen. So könnt IHR _____ euch schon mal ein paar Gedanken machen.

2. Sehr geehrter Herr Aling,
   ich habe letzten Donnerstag an IHRER _____ Veranstaltung teilgenommen. Leider musste ich mittags gehen, um meine Tochter

vorzeitig aus dem Kindergarten abzuholen. Es war IHR _____ nicht wohl, sodass SIE _____ nicht länger dort bleiben konnte. Nun bitte ich SIE _____, mir das Material, das SIE _____ am Nachmittag verteilt haben, nachträglich zukommen zu lassen. Wäre das möglich? Ich hoffe, IHNEN _____ mit meiner Bitte keine allzu großen Umstände zu bereiten.

3. Liebe Frau Beling,
ich möchte SIE _____ darüber informieren, dass Herr und Frau Celing sich heute im Laden beschwert haben. Sie behaupten, wir hätten IHNEN _____ gestern Croissants mit ranziger Butter verkauft. Das hätten SIE _____ aber erst nach dem Verzehr gemerkt. Da seien IHNEN _____ die Croissants sauer aufgestoßen. Ich habe den Celings versichert, dass ich IHRE _____ Beschwerde an SIE _____ weitergeben werde. Würden SIE _____ sich bitte mit IHNEN _____ in Verbindung setzen? Vielen Dank!

4. Hallo, Frau Deling,
ich möchte SIE _____ um einen Gefallen bitten: Könnten SIE _____ bitte noch einmal den Umgang mit Beschwerden mit uns üben? Das wäre sehr hilfreich. Gestern zum Beispiel hat sich eine Kundin beklagt, ich hätte SIE _____ unfreundlich behandelt. Dabei habe ich SIE _____ bedient wie alle anderen auch. Aber das hat IHR _____ offensichtlich nicht gepasst. Es wäre schön, wenn SIE _____ solche Szenen mit uns durchspielen könnten. Vielleicht bringt IHRE _____ Sicht der Dinge uns weiter.

5. Hallo, Herr Eling,
heute Morgen war eine Kundin da, die unbedingt IHREN _____ Hund mit in den Laden bringen wollte. Sie sagte, der Hund sei

IHR _____ eine emotionale Stütze, ohne die SIE _____ es kaum in geschlossenen Räumen aushalte. Daraufhin boten wir IHR _____ an, für die Dauer IHRES _____ Einkaufs die Tür aufzulassen. Das reichte IHR _____ nicht aus. Trotzdem haben wir nicht zugelassen, dass SIE _____ IHREN _____ Hund mit in den Laden bringt. Dies nur zu IHRER _____ Information. So wissen SIE _____ Bescheid, falls noch eine Beschwerde kommt.

Siebte Übung

In dieser Übung geht um Adjektive und Partizipien, die Bestandteil eines Namens oder von geographischen Namen abgeleitet sind. Zur Erinnerung: Bei der Ableitungsendung *-er* gilt Großschreibung; bei der Ableitungsendung *-isch* gilt Kleinschreibung, sofern es sich nicht um den Bestandteil eines Namens handelt. Bitte entscheiden Sie für die Wörter in Großbuchstaben, ob sie groß- oder kleinzuschreiben sind.

1. Das Hotel „Zum WEISSEN ___Weißen___ Stein“ hat für Samstag 300 Brötchen bestellt.
2. Dort gibt es einen Empfang für die DEUTSCHE ____________ Weinkönigin.
3. Die diesjährige Königin kommt aus dem PFÄLZISCHEN ____________ Landau.
4. In den letzten Jahren hat RHEINHESSISCHER ____________ Wein gegenüber RHEINGAUER ____________ Wein stark zugelegt.
5. Mittlerweile ist DEUTSCHER ____________ Wein auch auf dem CHINESISCHEN ____________ Markt sehr gefragt.
6. Das DEUTSCHE ____________ Weininstitut richtet sich mit seinen Seminaren nicht nur an Fachleute, sondern auch an Laien.
7. Nach dem Besuch der Weinmesse in Shanghai wird die RHEINLAND-PFÄLZISCHE ____________ Delegation unter anderem die CHINESISCHE ____________ Mauer besichtigen.

8. Auch die HESSISCHE ____________ Landesregierung pflegt Kontakte ins Reich der Mitte.
9. Der neue Geselle hat einige Zeit in einer PARISER ____________ Boulangerie gearbeitet und macht sehr gutes FRANZÖSISCHES ____________ Weißbrot.
10. Klassische Torten wie FRANKFURTER ____________ Kranz oder SCHWARZWÄLDER ____________ Kirschtorte liegen ihm weniger.

Achte Übung

Thema dieser Übung sind Wochentage und Tageszeiten in allen möglichen Kombinationen. Bitte bringen Sie die Sequenzen, die in Großbuchstaben dastehen, in die richtige Form. Achten Sie dabei auch auf Getrennt- und Zusammenschreibung. Tipp zum Vorgehen: Da Zeitangaben nur als Substantiv großgeschrieben werden, hilft es, nach dem typischen Umfeld des Substantivs Ausschau zu halten. Beispiel: *Letzten DIENSTAGMORGEN* Dienstagmorgen *hatten wir einen Stromausfall. (Hinweis ist das vorausgehende gebeugte Adjektiv.)*

1. Nach dem ersten Ansturm am frühen MORGEN Morgen ist es zunächst einmal ruhig.
2. Ausgenommen davon sind die Markttage DIENSTAGS ____________ und FREITAGS ____________.
3. Dann herrscht den ganzen VORMITTAG ____________ über reger Betrieb.
4. Am FREITAGVORMITTAG ____________ werden bereits viele Bestellungen für SAMSTAG ____________ aufgegeben.
5. So stellen die Kunden sicher, dass sie SAMSTAGSMORGENS ____________ lange schlafen können und trotzdem nicht auf ihr Lieblingsbrot verzichten müssen.
6. Im Gegensatz zu vielen anderen Bäckereien haben wir SONNTAGMORGENS ____________ geschlossen.

7. Mir ist das gerade recht, weil ich die SONNTAGVORMITTAGE ____________ gerne für mich habe.
8. Für MORGENNACHMITTAG ____________ bin ich mit den anderen zum Lernen verabredet. Am ABEND ____________ werden wir zur Belohnung ins Kino gehen. Das haben wir GESTERNABEND ____________ beschlossen.
9. In Zukunft treffen wir uns DONNERSTAGS ____________. Einige waren mehr für MITTWOCH ____________, doch die Befürworter des DONNERSTAGS ____________ waren in der Überzahl.
10. Der FRÜHE ____________ MORGEN ____________ ist schon immer meine liebste Tageszeit. Deshalb stehe ich MORGENS ____________ in aller FRÜHE ____________ auf.

Neunte Übung

In dieser Übung kommt alles Gelernte zusammen. Der folgende Text ist durchgängig kleingeschrieben. Ihre Aufgabe besteht darin, die Stellen zu markieren, wo Großschreibung angesagt ist.

sehr geehrte frau geling,
wir entschuldigen uns vielmals für die verspätete lieferung am vergangenen samstag. als kleine entschädigung fügen wir etwas süßes aus unserer backstube bei. wir erinnern uns, dass unser englisches teegebäck sehr gut ihren geschmack trifft.

wie unsere mitarbeiterin, frau haling, ihnen bereits sagte, war der grund der verspätung ein schwerer unfall: an der ecke alte trierische straße/neue saarbrücker allee waren beim abbiegen zwei autos aufeinandergeprallt. beide fahrerinnen waren schwer verletzt. da frau haling den unfall aus nächster nähe miterlebt hatte, wurde sie von der polizei als zeugin befragt. diesen befragungen konnte und wollte sie sich nicht entziehen.

wir hoffen, dass sie trotz des holprigen starts am samstagmorgen einen schönen tag hatten, an den sie und ihre gäste gerne zurückdenken werden.

Fünfte Lektion
Getrennt- und Zusammenschreibung: Wörter abstecken

*Ein Wort oder mehrere Wörter? Das ist die Frage in dieser Lektion. Bei der Antwort kommt es auf die Wortart an. Erörtert werden die Regeln für Verbindungen mit Verben (*krank werden, krankfeiern*), für Verbindungen mit Adjektiven und Partizipien (*blutig geschlagen, blutrot, blutverschmiert*) und für Verbindungen mit Substantiven (*nachhause *oder* nach Hause*). Ferner geht es um den Infinitiv mit* zu *bei Verben mit Zusatz (*etwas dazugeben → etwas dazuzugeben*) und um die Aufgaben des Bindestrichs.*

Nutzwert

Die Getrennt- und Zusammenschreibung ist eine zweischneidige Angelegenheit. Diese Lektion hilft Ihnen, mit beiden Seiten zu arbeiten.

Einerseits ist die Getrennt- und Zusammenschreibung ein schwieriges Feld – kleinteilig geregelt und mit Ausnahmen übersät. Entsprechend groß ist die allgemeine Verunsicherung. Dagegen können Sie als Lehrkraft angehen, indem Sie immer wieder Fälle erklären und mit Beispielen und Gegenbeispielen ausstatten. Das lernen Sie hier.

Andererseits hat die Getrennt- und Zusammenschreibung auch etwas Wortschöpferisches an sich. Dieses kreative Element können Sie viel besser nutzen, wenn Sie einigermaßen vertraut sind mit dem Zusammenspiel der Wörter. Dann brauchen Sie nämlich nicht länger auf Formulierungen zu verzichten, nur weil Sie unsicher sind bei deren Schreibweise. Sie können formulieren, wie es Ihnen gefällt. Das ist ein kleines Stück Freiheit.

Wortgruppen und Zusammensetzungen

Wortgruppen liegen dann vor, wenn Wörter zwar zusammengehören, aber dennoch ihre Selbstständigkeit wahren. In Wortgruppen steht jedes Wort für sich.

Zusammensetzungen liegen vor, wenn mehrere Wörter sich zu *einem* Wort zusammentun. Dafür kann es unterschiedliche Gründe geben. Bitte sehen Sie sich das in Beispielen an:

Wortgruppe	Zusammensetzung
(1a) Der Junge war *Schlittschuh gelaufen* und dabei gestürzt.	(1b) Der Junge war beim *Schlittschuhlaufen* gestürzt.
(2a) Er zeigte uns sein *blutig geschlagenes* Knie.	(2b) Er zeigte uns sein *blutverschmiertes* Knie.

In (1a) ist *Schlittschuh laufen* ein Verb mit Ergänzung; in (1b) ist aus beidem zusammen eine Substantivierung geworden: *das Schlittschuhlaufen*. Wie Substantivierungen funktionieren, das ist in der vierten Lektion beschrieben. In (2a) liegt mit *blutig* ein eigenständiges Adjektiv vor; es ist in adverbialer Mission unterwegs und wird mit *wie?* erfragt. In (2b) geht es nicht um *blutig*, sondern um *Blut*. Denn *blutverschmiertes* ist die geraffte Version der Wortgruppe *mit Blut verschmiertes*. Die Einsparung der Präposition rechtfertigt die Zusammensetzung.

Wie die Beispiele zeigen, liegen Wortgruppen und Zusammensetzungen oft dicht beieinander. Sie trotzdem voneinander zu unterscheiden, das genau ist das Problem der Getrennt- und Zusammenschreibung.

Bei der Getrennt- und Zusammenschreibung spielt die Wortart eine entscheidende Rolle. In zusammengesetzten Wörtern richtet diese sich nach dem letzten Glied, dem Grundwort. So ist *das Schlittschuhlaufen* als Ganzes eine Substantivierung; *blutverschmiertes* ist als Ganzes ein Partizip, obwohl das darin beinhaltete *Blut* ein Substantiv ist. Das letzte Glied bestimmt die Wortart und damit auch, welche Regel anzuwenden ist.

Wortgruppe bedeutet Getrenntschreibung; Zusammensetzung bedeutet Zusammenschreibung.

Verbindungen mit Verben

Bei Verbindungen mit Verben geht es um die Kombinationen, in denen das Verb an der letzten Stelle steht. Hier bereitet vor allem die Unterscheidung von Wortgruppen und Verben mit Zusatz Schwierigkeiten. Vergleichen Sie beispielsweise *Schmiere stehen* und *kopfstehen* oder *aufrecht stehen* und *geradestehen*. Wenn Sie Verben mit

Zusatz nicht mehr präsent haben, schlagen Sie nach unter „Untrennbare und trennbare Verben“ in der dritten Lektion.

Substantiv + Verb

Verbindungen aus Substantiv und Verb werden getrennt geschrieben: *Schmiere stehen, Anteil nehmen, Fieber messen.* Entscheidend ist, dass das Substantiv noch als solches zu erkennen ist. Beim Erkennen können – allerdings nicht in allen Wendungen – die typischen Begleiter des Substantivs helfen: *regen Anteil nehmen, das Fieber messen.*

Ist ein Substantiv verblasst, also in der betreffenden Verbindung nicht mehr als selbstständiges Substantiv wahrnehmbar, dann wird zusammengeschrieben: *haushalten, kopfstehen, leidtun, standhalten, teilnehmen.*

Das Kriterium der Verblassung ist nicht immer eindeutig und entsprechend schwer zu vermitteln. Nehmen Sie als Beispiel Wörter wie *eislaufen* (im Gegensatz zu *Schlittschuh laufen*), *kopfstehen* (im Gegensatz zu *Schmiere* oder *Schlange stehen*) oder *leidtun* (im Gegensatz zu *Buße tun*). Solche Wörter verbucht man am besten als Lernwörter. Das ist ergiebiger, als über den Grad der Verblassung zu streiten.

Adjektiv + Verb

Verbindungen aus Adjektiv und Verb werden in der Regel getrennt geschrieben: *hastig essen, stürmisch umarmen, freundlich grüßen.*

Zusammenschreibung ist dann eine Option, wenn das Adjektiv sich nicht auf die Handlung bezieht, sondern auf deren Ergebnis: *die Haare kurz schneiden / kurzschneiden; Getränke kalt stellen / kaltstellen; das Hemd glatt streichen / glattstreichen.* Die Option ist allerdings an eine Reihe von Bedingungen geknüpft: Das Verb darf keinen Zusatz und keine Vorsilbe haben (*die Haare kurz abschneiden, die Fläche glatt bestreichen*). Das Adjektiv darf keine Ableitung – etwa mit den Endungen *-ig*, *-isch* oder *-lich* – sein (*die Haare fransig schneiden*) und auch keine Zusammensetzung (*die Haare streichholzkurz schneiden*); es darf nicht für sich allein gesteigert oder näher bestimmt sein (*die Haare kürzer schneiden; die Haare extrem kurz schneiden*).

Zusammenschreibung ist ein Muss, wenn die Verbindung aus Adjektiv und Verb eine neue, übertragene Gesamtbedeutung angenommen hat: *Er wird die nächsten vier Wochen krankfeiern* [arbeitsunfähig sein]. *Sie wird für ihr Verhalten geradestehen* [die Verantwortung übernehmen]. In der übertragenen Bedeutung kann das Adjektiv weder erweitert noch gesteigert werden: **Sehr krankfeiern* und **kränkerfeiern* sind schlicht nicht möglich.

Partizip + Verb

Verbindungen aus Partizip und Verb werden getrennt geschrieben: *getrennt schreiben, gekühlt servieren, liegend transportieren.*

Verb + Verb

Verbindungen aus Verb und Verb werden getrennt geschrieben: *schwimmen lernen, einkaufen gehen, schreiben üben.*

Zusammenschreibung ist möglich bei Verbindungen mit den Verben *bleiben* und *lassen*, wenn sie im übertragenen Sinne verwendet werden (*in der Schule sitzenbleiben, jemanden sitzenlassen*), und bei der Verbindung *kennenlernen.*

Adverb + Verb

Bei Verbindungen aus Adverb und Verb kann es sich um Wortgruppen mit selbstständigem Adverb handeln oder um (manchmal fast gleich lautende) Verben mit Zusatz. Bitte vergleichen Sie:

Wortgruppe mit Adverb	Verb mit Zusatz
(1a) Wir können das Konzept gerne *zusammen schreiben.*	(1b) Ich werde ein Konzept *zusammenschreiben.*
(2a) Die Teilnehmenden sind *aufeinander eingestellt.*	(2b) Bei dem Thema werden die Meinungen *aufeinanderprallen.*
(3a) Der Junge kann seit der Operation endlich *wieder sehen.*	(3b) Er möchte seine Verwandten *wiedersehen.*

Für die Unterscheidung solcher Fälle gibt es zwei Anhaltspunkte: zum einen die Betonung, zum anderen die Möglichkeit, etwas zu verändern.

Zur Betonung: In der Wortgruppe trägt das Adverb keine besondere Betonung. In der Zusammensetzung dagegen ist der Zusatz betont: (1b) *zusammenschreiben,* (2b) *aufeinanderprallen,* (3b) *wiedersehen.*

Zu den Veränderungsmöglichkeiten: In der Wortgruppe lässt sich das Adverb ersetzen oder verschieben: (1a) *Wir können das Konzept gemeinsam schreiben.* (2a) *Die Teilnehmenden sind so eingestellt.* (3a) *Der Junge kann endlich wieder alles sehen.* In der Zusammensetzung dagegen ist der Zusatz nicht veränderbar.

Unselbstständige Bestandteile + Verb

Bestandteile, die als eigenständige Wörter nicht mehr vorkommen, werden mit dem Verb zusammengeschrieben: *abhandenkommen, fehlschlagen, innehalten, überhandnehmen, vorliebnehmen.*

Verbindungen mit *sein*

Verbindungen mit dem Verb *sein* werden immer getrennt geschrieben: *Wir möchten zusammen sein, und ihr könnt gerne dabei sein. Es wird niemand dagegen sein.*

Vereinfacht können Sie sagen:
Substantiv + Verb → getrennt
Adjektiv + Verb → getrennt außer bei neuer Gesamtbedeutung
Partizip + Verb → getrennt
Verb + Verb → getrennt
Adverb + Verb → getrennt oder zusammen je nach Bedeutung; Hinweise sind Betonung, Ersatz- und Verschiebemöglichkeit

Infinitiv mit *zu* bei Verben mit Zusatz

Der Infinitiv mit *zu* hält sich an eine simple Regel: Bei einfachen und untrennbaren Verben steht das *zu* vor dem Infinitiv, und zwar für sich: *Hast du etwas zu ergänzen?* Bei Verben mit Zusatz tritt das *zu* zwischen den Zusatz und den Verbstamm, und das Ganze wird zusammengeschrieben: *Hast du etwas einzuwenden oder hinzuzufügen?*

Unsicherheit besteht vor allem in den Fällen, in denen bereits der Zusatz ein *zu* enthält: *Es fällt ihm schwer, auf andere zuzugehen.* Viele stolpern über die Doppelung der zu-Silbe und schwanken zwischen Versionen wie **zu zu gehen* oder **zu zugehen.* Was hilft, ist ein Blick auf das Ausgangswort, am besten in einem Satz mit einem einfachen Infinitiv: *Er will nicht auf andere zugehen*. Ist das Ausgangswort erkannt, braucht man sich nur noch an die Regel zu halten, die für *alle* Verben mit Zusatz gilt: *anzugehen, einzugehen, mitzugehen, wegzugehen, zuzugehen*.

Bei einem Verb, das ein zu *im Zusatz enthält, kommt es beim Infinitiv mit* zu *zu zwei zusammengeschriebenen zu-Silben:* dazuzugeben, hinzuzufügen, zuzuziehen.

Verbindungen mit Adjektiven und Partizipien

Hier geht es um Verbindungen, die ein Adjektiv oder Partizip an der letzten Stelle haben: *bräunlich rot* und *blutrot*, *allein erziehend* oder *alleinerziehend*. Bei deren Getrennt- oder Zusammenschreibung spielen abgesehen von den Wortarten noch etliche andere Faktoren eine Rolle. Diese lassen sich grob zusammenfassen – und abfragen – unter drei Stichpunkten: Ableitung, Abwandlung, Einsparung. Verbindungen mit häufig vorkommenden Partikeln sollten Sie sich einprägen.

Ableitung

Steht an der ersten Stelle ein Adjektiv mit Ableitungsendung – etwa mit *-ig*, *-isch* oder *-lich* –, dann wird getrennt geschrieben: *freudig erregt, biblisch belegt, bräunlich rot*.

Abwandlung

Steht an der ersten Stelle ein Element, das die Bedeutung des Grundworts abwandelt, dann wird zusammengeschrieben. Die Abwandlung kann eine Verstärkung sein (*hochempfindlich, megacool, stinksauer*), eine Ergänzung (*dummdreist, süßsauer, taubstumm)* oder auch sonst ein inhaltlicher Dreh (*gemeingefährlich, hellrot, rotblond*).

Einsparung

Die Einsparung wird im Vergleich mit der zugrunde liegenden Wortgruppe ermittelt. Wenn die neue Verbindung gegenüber dieser Wortgruppe etwas einspart – etwa eine Konjunktion, eine Präposition oder einen Artikel –, wird zusammengeschrieben. Am besten sehen Sie sich das in Beispielen an:

zugrunde liegende Wortgruppe	**Zusammensetzung**
rot wie Blut	blutrot
leicht wie eine Feder	federleicht
die Länder übergreifen	länderübergreifend
von der Sonne verwöhnt	sonnenverwöhnt
als Denkmal geschützt	denkmalgeschützt

Findet *keine* Einsparung statt, dann kann man getrennt oder zusammenschreiben:

zugrunde liegende Wortgruppe	**Wortgruppe oder Zusammensetzung**
Strom sparen	Strom sparend, stromsparend
Erfolg versprechen	Erfolg versprechend, erfolgversprechend
allein erziehen	allein erziehend, alleinerziehend
selbst verdienen	selbst verdient, selbstverdient
zugrunde liegen	zugrunde liegend, zugrundeliegend

Sobald ein Fugenelement – ein Verbindungsbuchstabe – vorhanden ist, *muss* zusammengeschrieben werden: *arbeitssuchend, freiheitsliebend, leistungsstark.*

Zum Schluss noch ein Hinweis der Deutlichkeit halber: Zusammenschreibung gilt selbstverständlich auch dann, wenn dem Partizip bereits ein zusammengesetztes Verb zugrunde liegt. So wird aus *abhandenkommen* → *abhandengekommenes Geld*, aus *fehlschlagen* → *der fehlgeschlagene Versuch*, aus *kleinschneiden* → *kleingeschnittenes Obst.*

Partikel + Adjektiv oder Partizip

Verbindungen mit der Partikel *nicht* können Sie getrennt oder zusammenschreiben:

die nicht öffentliche / nichtöffentliche Sitzung
nicht selbstständige / nichtselbstständige Arbeit
nicht rostender / nichtrostender Stahl

Verbindungen mit den Partikeln *so*, *wie* und *zu* werden getrennt geschrieben:

(1) Er ist *so* weit gegangen wie nie zuvor.
(2) *Wie* weit wird er noch gehen?
(3) Mit dieser Äußerung geht er *zu* weit.

Häufig verwechselt werden Verbindungen mit *so* und gleich lautende Konjunktionen. Letztere allerdings werden zusammengeschrieben. Bitte vergleichen Sie:

Verbindung mit *so*	**Konjunktion**
(1a) Anna ist *so weit* gelaufen.	(1b) *Soweit* ich weiß, ist sie gelaufen.
(2a) Sie hat *so oft* Pause gemacht.	(2b) Sie konnte Pause machen, *sooft* sie wollte.
(3a) Wir werden sie *so bald* nicht wiedersehen.	(3b) *Sobald* sie sich gemeldet hat, sage ich Bescheid.

Wenn Sie sich nicht sicher sind, ob eine Konjunktion vorliegt oder eine Verbindung mit *so*, können Sie einen Test machen: In der Verbindung lässt sich das eine oder andere Element ersetzen.

(1) Anna ist *sehr* weit gelaufen.
(2) Sie hat *ziemlich* oft Pause gemacht.
(3) Wir werden sie so *schnell* nicht wiedersehen.

Die Konjunktion dagegen ist fest zusammengefügt; an ihr ist nicht zu rütteln.

Bei Verbindungen mit einem Adjektiv oder Partizip an der letzten Stelle können Sie sich mit den Kriterien Ableitung, Abwandlung, Einsparung weiterhelfen. Achten Sie außerdem auf Fugenelemente.

Verbindungen mit Substantiven

Hier geht es um Verbindungen mit Substantiven an der letzten Stelle. Darunter fallen Zusammensetzungen mit allen möglichen Erstbestandteilen (*die Schulstunde, die Freistunde, die Viertelstunde*), Kombinationen aus Präposition und Substantiv (*imstande / im Stande sein*) sowie substantivierte Wortgruppen (*beim Zeitunglesen*). Bemerkenswert sind vor allem die beiden letztgenannten Verbindungen.

Präposition und Substantiv können zusammen eine neue Präposition oder ein Adverb bilden. In diesen Fällen können sie zusammen- oder getrennt geschrieben werden. Das betrifft viele gängige Ausdrücke:

anstelle / an Stelle der Freistunde
aufgrund / auf Grund des Ergebnisses
mithilfe / mit Hilfe des Tests
nachhause / nach Hause gehen
zuhause / zu Hause sein
zustande / zu Stande bringen

Wer viel schreibt, wird sich auf die eine oder andere Version festgelegt haben. Dann ist lediglich beim Lesen fremder Texte zu bedenken, dass die jeweils andere Version auch nicht falsch ist.

Bei der Substantivierung von Wortgruppen werden die Glieder der Wortgruppe zusammengezogen und als Ganzes in die Position eines Substantivs versetzt. Dazu einige Beispiele:

(1) Wir wollen regelmäßig *Zeitung lesen*. → Regelmäßiges *Zeitunglesen* wird uns guttun.
(2) Wir haben zusammen *Englisch gelernt*. → Beim *Englischlernen* haben wir große Fortschritte gemacht.
(3) Die Eltern werden *dabei sein*, wenn das Stück aufgeführt wird. → Mit dem *Dabeisein* der Eltern könnt ihr fest rechnen.

Bitte beachten Sie: In den Ausgangssätzen ist nach unterschiedlichen Regeln Getrenntschreibung vorgegeben. Für die Substantivierungen jedoch haben diese Regeln keine Gültigkeit mehr. Jetzt gilt die Schreibweise für zusammengesetzte Substantive. Genau erklärt ist das Verfahren unter „Substantivierungen" in der vierten Lektion.

Wenn eine Wortgruppe substantiviert wird, werden alle ihre Bestandteile miteinander verbunden und als Einheit in die Position eines Substantivs gesetzt.

Bindestrich

Der Bindestrich ist der kurze Strich, der ohne Leerzeichen direkt ans Wort anschließt. Er hat drei Aufgaben: Ergänzung, Aneinanderreihung, Verdeutlichung.

Als Ergänzungszeichen kommt der Bindestrich zum Zuge, wenn in Zusammensetzungen ein gleicher Teil eingespart wird:

Vollversion	**Einsparung mit Bindestrich**
einladen und ausladen	ein- und ausladen
dreimal bis viermal	drei- bis viermal
Getrenntschreibung und Zusammenschreibung	Getrennt- und Zusammenschreibung
zusammenschreiben oder getrennt schreiben	zusammen- oder getrennt schreiben
Sonnenaufgang und Sonnenuntergang	Sonnenauf- und -untergang

Der Ergänzungsstrich steht jeweils an der Stelle, wo ein Wortteil ausgelassen wird. Erfolgt die Auslassung am Ende eines Wortes, so kommt nach dem Bindestrich ein Leerzeichen; erfolgt die Auslassung am Anfang eines Wortes, so geht ein Leerzeichen voraus.

In Aneinanderreihungen ist der Bindestrich notwendig, um einerseits die Zusammengehörigkeit der Bestandteile anzuzeigen und andererseits die Lesbarkeit zu gewährleisten. Diese doppelte Leistung wird zum Beispiel in den folgenden Fällen benötigt:

- wenn mehrere Wörter oder eine Wortgruppe auf das Grundwort bezogen werden
  das Rhein-Main-Gebiet, der Feld-Wald-und-Wiesen-Arzt, das Client-Server-Modell, die rot-rot-grüne Koalition, die Ich-hatte-keine-Zeit-Ausrede

- wenn Zusammensetzungen mit Abkürzungen oder Ziffern gebildet werden
  die Ich-AG, die DFB-Spielordnung, die A-Jugend-Mannschaft, die E-Sportlerin, der Pay-TV-Anbieter, alle 17-Jährigen, eine 17-jährige Schülerin, der 4-Personen-Haushalt

- wenn Wortgruppen mit drei oder mehr Bestandteilen substantiviert werden
  auf der Lauer liegen → *das Auf-der-Lauer-Liegen*
  in die Hände klatschen → *das In-die-Hände-Klatschen*
  bis in die Puppen feiern → *das Bis-in-die-Puppen-Feiern*

An all diesen Stellen erklärt sich der Bindestrich von selbst: Würde er fehlen, dann könnte man die Ausdrücke nur mühsam oder gar nicht lesen.

Zur Verdeutlichung kann der Bindestrich eingesetzt werden, wenn einzelne Bestandteile herausgestellt werden sollen, wenn lange Verbindungen übersichtlicher gemacht werden sollen oder wenn drei gleiche Buchstaben aufeinandertreffen. Zum letzten Punkt siehe auch „Stammprinzip" in der ersten Lektion.

- Herausstellung
  das Lern-Verhalten (statt *Lernverhalten*), das *Ich-Bewusstsein* (statt *Ichbewusstsein*), *Hunde-erfahren* (statt *hundeerfahren*)

- Übersichtlichkeit
  die Altenpflege-Grundausbildung (statt *Altenpflegegrundausbildung*); der *Breitbandkabel-Anschluss* (statt *Breitbandkabelanschuss*); die *Kraftfahrzeug-Haftpflichtversicherung* (statt *Kraftfahrzeughaftpflichtversicherung*)

- drei gleiche Buchstaben
  die Schnee-Eule (statt *Schneeeule*); die *Schluss-Szene* (statt *Schlussszene*); die *Woll-Laus* (statt *Wolllaus*)

Der Bindestrich ist dann angebracht, wenn er das Lesen erleichtert.

Fragen

1. Inwiefern hat die Getrennt- und Zusammenschreibung eine kreative Seite?

2. Welche Grundlagen braucht man, um die Regeln der Getrennt- und Zusammenschreibung zu verstehen?

3. Warum schreibt man *zusammenschreiben* zusammen und *getrennt schreiben* getrennt?

4. Warum schreibt man *die rot-grüne Koalition* mit Bindestrich und *das rotblonde Haar* zusammen?

5. Verbindungen mit dem Verb *sein* werden getrennt geschrieben. Warum ist die Schreibweise „Für ihn ist das *Dasein* eine Qual" trotzdem richtig?

Übungen

Erste Übung

Thema sind Verbindungen mit Verben. Bitte entscheiden Sie, ob die Sequenzen in Großbuchstaben getrennt oder zusammenzuschreiben sind.

1. Das Tempo muss so sein, dass alle SCHRITTHALTEN Schritt halten können.
2. Wir wollen niemanden HÄNGENLASSEN ______________, aber es soll sich auch niemand LANGWEILEN ______________.
3. Ein Scheitern des Projekts würde mich BETRÜBTMACHEN ______________.
4. Umso mehr sollten wir DAHINTERHERSEIN ______________, dass es zu einem guten Ergebnis kommt.
5. Wusstest du, dass neue Mittel BEREITSTEHEN ______________, die wir nur noch abzurufen brauchen?
6. Wenn die Mittel auch nur um zehn Prozent aufgestockt werden, dürften wir ZURECHTKOMMEN ______________.
7. Werden die beiden Teams nächstes Mal GEGENEINANDERANTRETEN ______________?
8. Wir werden die Ergebnisse GEGENEINANDERHALTEN ______________ und prüfen, ob sie wirklich in einer Liga spielen.
9. Ich wünschte, Anton würde seinen Pony zumindest so KURZSCHNEIDEN ______________, dass er wieder sehen kann.
10. Für so viel Starrsinn möchte man ihm am liebsten die Ohren LANGZIEHEN ______________.

Zweite Übung

Hier geht es um fast gleich lautende Verbindungen mit Verben, die mal getrennt und mal zusammengeschrieben werden. Eine Version ist jeweils im Ausgangssatz vorgegeben. Ihre Aufgabe besteht darin, einen Beispielsatz mit der jeweils anderen Version zu bilden. Beispiel: *Die Teilnehmenden werden Ideen zusammentragen. → Sie werden die Verantwortung zusammen tragen.*

1. Um den Gruppengeist zu stärken, werden wir zusammen trommeln und tanzen.

   ____

   ____

2. Dieses Ergebnis lässt sich beim besten Willen nicht schönreden.

   ____

   ____

3. Um einen Flaschenhals zu vermeiden, sollten wir den Eingang einen Meter weiter machen.

   ____

   ____

4. Das viele Üben hat sich ausgezahlt: Anna kann sehr gut schreiben.

   ____

   ____

5. Ihr dürfte es nicht weiter schwerfallen, das Buch zusammenzufassen.

   ____

   ____

Dritte Übung

Thema ist der Infinitiv mit *zu* bei Verben mit Zusatz. Bitte entscheiden Sie, ob die Sequenzen in Großbuchstaben getrennt oder zusammenzuschreiben sind.

1. Ich habe den Auftrag, in der ersten Pause alle Beteiligten ZUSAMMENZURUFEN zusammenzurufen.
2. Ich hatte Bert gebeten, laut ZURUFEN ____________, wenn er fertig ist.
3. Einige denken darüber nach, sich zu einer Arbeitsgruppe ZUSAMMENZUTUN ____________.
4. In ihrem Fall hat das nichts mit Bequemlichkeit ZUTUN ____________, sondern mit der Überzeugung, dass Gruppenarbeit effektiver ist als Einzelarbeit.
5. Dem ist noch HINZUZUFÜGEN ____________, dass sie sich alle sehr gut verstehen.
6. Das erste Treffen ist am Donnerstag. Du bist herzlich eingeladen DAZUZUKOMMEN ____________.
7. Da ich Arbeiten korrigieren muss, werde ich nicht DAZUKOMMEN ____________, an dem Treffen teilzunehmen.
8. Dora ist es schon immer schwergefallen, pünktlich ZUKOMMEN ____________.
9. Oft kommt sie gar nicht, sondern bittet mich, ihr die Unterlagen ZUKOMMEN ____________ zu lassen.
10. Nach ihrer anfänglichen Begeisterung hat sie angefangen ZURÜCKZURUDERN ____________.

Vierte Übung

Thema sind Verbindungen mit Adjektiv oder Partizip an der letzten Stelle. In den folgenden Sätzen sind sie richtig geschrieben. Bitte begründen Sie, warum. Geben Sie an, wo auch andere Schreibweisen möglich sind. Denken Sie dabei an Kriterien wie Ableitung, Abwandlung, Einsparung oder Fugenelement.

1. Allgemeinbildende Schulen haben einen umfassenden Bildungsauftrag.

   zusammen oder getrennt, da nichts eingespart wird

2. Dazu gehört die Erziehung zu einem verantwortungsbewussten Umgang mit der Umwelt.

   ______

3. Schulen könnten und sollten zu einem energiesparenden Verhalten animieren.

   ______

4. Brasilien ist die Nummer eins unter den Soja exportierenden Ländern.

   ______

5. Dort spielt sich unter tiefblauem Himmel eine große Umweltkatastrophe ab.

   ______

6. Für den Sojaanbau werden riesengroße Flächen Regenwald abgeholzt.

   ______

7. Die winzig kleine Bohne ist ein wahrer Alleskönner.

   ______

8. Aus weichgekochten Sojabohnen lässt sich Tofu herstellen.

____

9. In der EU sind gentechnisch veränderte Sojasorten als Futtermittel zugelassen.

____

10. Der weit verbreitete Anbau solcher Sorten bringt Probleme mit sich, die in ihrem Ausmaß noch gar nicht erfasst werden.

____

Fünfte Übung

Thema sind noch einmal Verbindungen mit Adjektiv oder Partizip an der letzten Stelle. Bitte entscheiden Sie, ob die Sequenzen in Großbuchstaben getrennt oder zusammenzuschreiben sind.

1. Die Frau wirkt NERVLICHSTRAPAZIERT *nervlich strapaziert*, aber nicht NERVENKRANK *nervenkrank*.
2. Sie ist ERZIEHUNGSBERECHTIGT ________________ und sehr um das Wohl ihres Sohnes bemüht.
3. Der Junge war STOCKBETRUNKEN ________________ in ein Krankenhaus eingeliefert worden.
4. Ein so STARKBETRUNKENER ________________ Mensch schwebt in ernster Gefahr.
5. Als die Frau von dem Vorfall erfuhr, wurde sie KREIDEBLEICH ________________.
6. Sie hat schon viele Schicksalsschläge hinnehmen müssen und ist nicht gerade ERFOLGSVERWÖHNT ________________.
7. Sie braucht dringend eine Vertrauensperson, an die sie sich RATSUCHEND ________________ wenden kann.

8. Die Lehrkräfte in dieser Einrichtung sind HOCHMOTIVIERT ________________.
9. Es ist kein einziger darunter, der HOCHNÄSIG ____________ wäre.
10. Alle Projekte wurden ANTRAGSGEMÄSS ____________ genehmigt.

Sechste Übung

In dieser Übung unterscheiden Sie Konjunktionen, die mit *so-* beginnen, von freien Kombinationen mit der Partikel *so*. Eines von beiden ist in den Ausgangssätzen vorgegeben. Ihre Aufgabe besteht darin, Gegenbeispiele mit der jeweils anderen Version zu bilden. Beispiel: *Eva sieht Felder, soweit das Auge reicht.* → *Emil will nicht so weit laufen.*

1. Frieda und Fritz sowie einige andere aus dem Kurs wollen sich finnische Schulen ansehen.

   ____

   ____

2. Nichts liegt mir so fern wie eine Reise nach Finnland.

   ____

   ____

3. Gerd hat sich verabschiedet. Ihn werden wir so bald nicht wiedersehen.

   ____

   ____

4. Soviel ich weiß, hat er nicht vor, uns bald zu besuchen.

____

____

5. Er hat so lange für sein Studium gebraucht, weil er nebenbei gearbeitet hat.

____

____

Siebte Übung

Hier geht es um Verbindungen, die ein Substantiv bzw. eine Substantivierung als Grundwort haben. Bitte entscheiden Sie, ob die Sequenzen in Großbuchstaben getrennt oder zusammenzuschreiben sind. Hinterfragen Sie auch, ob überhaupt substantiviert werden muss oder ob nicht ein einfacher Infinitiv vorliegt.

1. Hannah möchte lieber nicht ihre Eltern ZURATE zurate / zu Rate ziehen.
2. Doch auch sie braucht eine Vertrauensperson, die ihr ZURSEITE __________ steht.
3. Ihre Geschichten würden manch einem die Haare ZUBERGE __________ stehen lassen.
4. Sie wird daran nicht ZUGRUNDE __________ gehen
5. IMGRUNDE __________ ihres Herzens sehnt sie sich nach Zugehörigkeit.
6. VONSEITEN __________ ihrer Eltern habe ich noch nie etwas Positives gehört.
7. Der Vater muss wie VONSINNEN __________ gewesen sein, als er das Zeugnis gesehen hat.
8. Darf ich dich für heute Abend zum PIZZAESSEN __________ einladen?

9. Ich möchte lieber nicht schon wieder PIZZAESSEN ________________.
10. Dann komm doch einfach zum FUSSBALLGUCKEN ________________ vorbei.

Achte Übung

Hier üben Sie den Umgang mit dem Bindestrich. Bitte entscheiden Sie, wie die Sequenzen in Großbuchstaben am besten dastehen: getrennt, zusammen oder mit Bindestrich.

1. In der Anlage findest du den Text als WORDDOKUMENT Word-Dokument________.
2. Es geht um CYBERMOBBING ________________.
3. Im nächsten Schuljahr wird unsere Schule MOBBINGAKTIONSTAGE ________________ veranstalten.
4. Das Kultusministerium stellt einen ANTIMOBBINGKOFFER ________________ zur Verfügung.
5. Viele Jugendliche kommen gar nicht darauf, dass ihre FACEBOOKFREUNDE ________________ sich von jetzt auf gleich gegen sie wenden könnten.
6. Wenn Hohn und Häme einmal im Internet kursieren, ist ein schnelles AUSDERWELTSCHAFFEN ________________ nicht möglich.
7. Das BLOSSGESTELLTWERDEN ________________ ist für die Opfer eine Tortur.
8. DATENSCHUTZKOMPETENZ ________________ sollte genauso geübt werden wie sicheres Verhalten im Straßenverkehr.
9. Zur Vorbeugung gehört, dass POSTODEREMAILADRESSEN ________________ nicht ins persönliche Profil gestellt werden.

10. Am Ende kann eine TÄTEROPFERAUSGLEICHSSTELLE ____________________ helfen, die Parteien an einem Tisch zu bringen.

Neunte Übung

Der folgende Text enthält etliche Fehler in der Getrennt- und Zusammenschreibung und damit verbunden in der Groß- und Kleinschreibung. Bitte korrigieren Sie.

Ida und Ignaz fällt das zusammen Leben schwer. Ida ist Indierockfan, Ignaz ist Mozart begeistert. Ida lädt gerne mal einen Schwung Leute ein, zum Monopoly Spielen etwa oder zum Spaghetti Kochen. Ignaz dagegen bevorzugt das allein sein. Ida ist nicht in der Lage, ordnungzuhalten. Ignaz ist höllischgenervt von ihren Weißtduwo-Fragen. Ida vertritt laut stark ihre politische Meinung; Ignaz ist politisch nicht interessiert. So weit ich weiß, werden die beiden ab dem nächsten Semester getrenntwohnen.

Sechste Lektion
Satzbau: Funktionen besetzen

Diese Lektion handelt von der Rollenverteilung im Satz. Inhaber der Rollen sind die vier Satzglieder Prädikat (Satzaussage), Subjekt (Satzgegenstand), Objekt (Satzergänzung) und Adverbial (Umstandsbestimmung). Die Satzglieder werden vorgestellt mit ihrer jeweiligen Funktion und ihren möglichen Formen. Zu deren Innenleben können Attribute (Beifügungen) gehören. Die werden extra behandelt.

Nutzwert

Der Nutzwert erschließt sich am besten im Vergleich. Nehmen Sie dazu ein Fußballspiel. Wer ein Spiel verfolgt, *ohne* Ahnung zu haben, sieht, wie 20 Personen einen Ball hin und her schießen, bis er im Tor landet und ein Teil des Publikums grölt. Wer sich dagegen mit Fußball auskennt, sieht etwas anderes. Eine Person mit entsprechendem Wissen sieht die Aufstellung, die Strategie und die Leistung, die auf den einzelnen Positionen erbracht wird. Sie erkennt Höhepunkte und Schwachpunkte, kann das Spiel beurteilen und darüber reden und vielleicht sogar selbst spielen.

Ähnlich verhält das sich beim Satzbau. Irgendwie Informationen zusammenfügen und zum Abschluss einen Punkt machen kann jede Person, die der Sprache einigermaßen mächtig ist. Sätze durchschauen, Fehler identifizieren, Strategien verbessern und mit sicherer Hand Kommas setzen, das wiederum kann nur die Person, die sich mit dem Satzbau auskennt. Und dazu gehört als Allererstes das Wissen um die Satzglieder.

Noch einmal anders gesagt: Sie brauchen ein Grundwissen über die Satzglieder, um zu erkennen, ob Sätze vollständig, richtig und eindeutig sind. Und je besser Sie sich auskennen, desto geschickter können Sie Ihre eigenen Sätze gestalten.

Satz

Was ist ein Satz? Die Antwort könnte ein ganzes Buch sein, soll sie aber nicht. Vielmehr soll sie das Wesentliche benennen, was dann auch beim Formulieren hilft. Worin das besteht, erkennen Sie, indem Sie die folgenden Sätze miteinander vergleichen:

(1) Der aus guten Verhältnissen stammende, doch von seinen Eltern vernachlässigte Junge ist zusammen mit einem Freund in einem geklauten Lada Richtung Walachei abgehauen.
(2) Der Junge ist abgehauen.

Die Sätze sind unterschiedlich, was Länge und Einzelheiten angeht. In der Grundstruktur jedoch sind sie gleich: Es gibt *eine* Handlung, und die steckt in dem Verb *abhauen*, genauer gesagt in der zweiteiligen Perfektform *ist abgehauen*. Deren beide Teile gehören zusammen als so genannter *Verbalkomplex*. Dieser Verbalkomplex bildet in beiden Sätzen die Aussage. Alles, was sonst noch gesagt wird, ist dieser Aussage zugeordnet. Also kann man sagen: Ein Satz ist das, was angeführt wird, um die im Verbalkomplex enthaltene Aussage zu vervollständigen (so wie im zweiten Satz) und zu verfeinern (so wie im ersten Satz). Verkürzt ergibt sich daraus die Richtlinie „Ein Satz, eine Handlung“. Die ist sehr nützlich, wenn Schreibende Schwierigkeiten haben, ihre Gedanken zu sortieren und in überschaubare Sätze zu fassen.

Ein Satz ist eine Veranstaltung rund um den Verbalkomplex. Dieser kann aus einem finiten Verb bestehen oder aus mehreren aufeinander abgestimmten Verben, von denen eines finit ist.

Satzarten

Die Satzart gibt an, wie ein Satz zu verstehen ist: als Aussage über einen Sachverhalt, als Frage, als Aufforderung an jemanden, als Wunsch oder als Ausdruck der Verwunderung. Mit jeder Funktion gehen gewisse Formen einher. Demnach werden fünf Satzarten unterschieden:

- der **Aussagesatz**
  Der Junge ist abgehauen.
- der **Fragesatz**
  Ist er abgehauen?
- der **Aufforderungssatz**
  Hau ab!
- der **Wunschsatz**
  Wäre er doch nur abgehauen!

- der **Ausrufesatz**
  Abgehauen ist er!
  Ist der doch glatt abgehauen!

Die Satzart verbindet die Funktion einer Äußerung mit einer typischen Form.

Satzglieder

Satzglieder sind Funktionseinheiten, deren geregeltes Zusammenspiel einen Satz ergibt. Im Einzelnen sind das Prädikat (Satzaussage), Subjekt (Satzgegenstand), Objekt (Satzergänzung) und Adverbial (Umstandsbestimmung). Den Beispielsatz von oben etwa können Sie in die folgenden Satzglieder zerlegen:

> Der aus guten Verhältnissen stammende, doch von seinen Eltern vernachlässigte Junge (1) | ist (2a) | zusammen mit einem Freund (3) | in einem geklauten Lada (4) | Richtung Walachei (5) | abgehauen (2b).

Die beiden Teile des Verbalkomplexes (2a und 2b) stehen auseinander. Ansonsten steht das, was ein Satzglied ist, zusammen. Dass es sich dabei tatsächlich um Einheiten handelt, lässt sich mit zwei Tests beweisen: mit der Ersatzprobe und der Verschiebeprobe.

In der Ersatzprobe wird die zu testende Einheit – egal, wie umfangreich sie ist – durch ein einziges Wort ersetzt. Nur wenn dieser Ersatz möglich ist, liegt ein Satzglied vor. Im Beispielsatz könnte die Probe so aussehen:

> Er (1) | ist (2a) | kurzerhand (3) | folgendermaßen (4) | dorthin (5) | abgehauen (2b).

Der Satz ist nichts, wofür man einen Preis gewinnen würde, aber er funktioniert. Somit ist der Beweis erbracht.

In der Verschiebeprobe wird die zu testende Einheit an die erste Stelle, also *vor* das finite (gebeugte) Verb geschoben. Nur was an dieser ersten Stelle stehen kann, ist ein Satzglied. Für den Beispielsatz müsste man eine ganze Testreihe durchführen:

> (1) Zusammen mit einem Freund (1) | ist (2a) | der aus guten Verhältnissen stammende, doch von seinen Eltern vernachlässigte Junge (3) | in einem geklauten Lada (4) | Richtung Walachei (5) | abgehauen (2b).

(2) In einem geklauten Lada [(1)] | ist [(2a)] | der …
(3) Richtung Walachei [(1)] | ist [(2a)] | der …

Durch die Verschiebung sind die Testsätze anders betont als das Original. Das spielt aber für den Test keine Rolle. Was zählt, ist die Machbarkeit. Damit ist auch dieser Beweis erbracht.

Spätestens bei der Ersatzprobe haben Sie gemerkt, dass Satzglieder aus einem einzigen Wort bestehen können. Trotzdem sind Wort und Satzglied nicht das Gleiche; sie gehören auf unterschiedliche Ebenen. Auf der Ebene der Wörter geht es ums Rohmaterial. Über dessen Verwendung ist noch nichts gesagt. Aus einem bloßen Wort kann noch vieles entstehen. Nehmen Sie als Beispiel das Verb *abhauen* und sehen Sie, was alles geht:

(1) Der Junge *haut ab*.
(2) *Abhauen* ist angesagt.
(3) Er denkt ans *Abhauen*.
(4) Um *abzuhauen*, braucht er Geld.

In den Beispielsätzen hat das Wort *abhauen* vier verschiedene Funktionen übernommen. Es bildet – der Reihe nach – die vier Satzglieder Prädikat, Subjekt, Objekt und Adverbial. Erst in diesen Positionen ist seine Rolle vorgeschrieben.

Wörter sind Rohmaterial, dessen Verwendung noch unbestimmt ist. Satzglieder sind Funktionseinheiten, die im Satz auf eine bestimmte Rolle festgelegt sind.

Prädikat

Das Prädikat (die Satzaussage) ist der Kern des Satzes. Es entscheidet darüber, welche Stellen sonst noch zu besetzen sind, und es prägt die Struktur des Satzes. Andersherum gesagt: Der ganze Satz dreht sich ums Prädikat.

Das Prädikat wird zwar (jedenfalls in manchen Grammatiken und auch hier) als eines der vier Satzglieder gelistet, ist aber in wesentlichen Merkmalen anders als die anderen. Es ist *nicht* verschiebbar. Es ist außerdem fest an eine Wortart gebunden: Sein Kern besteht immer aus einem finiten Verb. (Wenn Sie das Grundwissen zum Verb nicht parat haben, schlagen Sie nach in der dritten Lektion.)

Das Prädikat kann einteilig sein, also nur aus einem finiten Verb bestehen; und es kann mehrteilig sein. Mehrteilige Prädikate ergeben sich zum Beispiel

- mit der Zeitform: *Er ist abgehauen*.
- mit dem Passiv: *Er wird gesucht*.
- mit trennbaren Verben: *Er haut ab*.
- mit Modalverben: *Er will abhauen*.

Darüber hinaus kann das Prädikat auch nicht verbale Bestandteile enthalten. Bei reflexiven (rückbezüglichen) Verben etwa gehört das Reflexivpronomen mit zum Prädikat (*ich freue mich, du erholst dich, er ärgert sich, wir wundern uns, ihr irrt euch, sie bewerben sich*). Bei Kopulaverben (*sein, bleiben, werden*), die für sich allein nicht genügend Bedeutung hergeben, gehört die notwendige Ergänzung mit zum Prädikat. Die Ergänzung – das so genannte *Prädikativ* – kann zum Beispiel ein Substantiv sein (*der Junge ist Einzelgänger*), ein Adjektiv (*der Junge ist einsam*) oder gleich ein ganzer Nebensatz (*der Junge ist, was sein Vater nie sein wollte*). Ein Nebensatz in der Rolle eines Prädikativs ist ein Prädikativsatz.

Die Position des Prädikats ist vorgegeben. Im einfachen Aussagesatz steht der finite Teil des Prädikats – das ist der mit den grammatisch wichtigen Informationen – immer an der zweiten Stelle. (Bitte beachten Sie: Dabei werden nicht Wörter gezählt, sondern Satzglieder.) Die Stellungsregel sehen Sie auch weiter oben in dem Beispiel zur Verschiebeprobe bestätigt: Unabhängig davon, was an der ersten Stelle steht, bleibt das finite Verb *ist* unverrückbar in der zweiten Position. Der nicht finite Teil des Prädikats – im Beispiel das Partizip *abgehauen* – erscheint am Ende.

Das Prädikat ist das bestimmende Element im Satz. Es enthält auf jeden Fall ein gebeugtes Verb. Dies steht im einfachen Aussagesatz immer an der zweiten Stelle.

Subjekt

Das Subjekt (der Satzgegenstand) ist das Satzglied, das in engster Verbindung mit dem Prädikat einhergeht. Das Prädikat bezieht sich unmittelbar auf das Subjekt. Das Subjekt kann vom Prädikat aus mit *wer oder was?* erfragt werden:

> *Der Junge* haut ab.
> Wer oder was haut ab? – *der Junge*

Das Subjekt steht im Nominativ. In Person und Zahl muss es zum Prädikat passen. Dieses Zueinanderpassen nennt man *Kongruenz*. Zusammen bilden Subjekt und Prädikat das Grundgerüst des Satzes. Ein solches Grundgerüst kann in jedem Satz nur einmal vorkommen.

Das Subjekt ist mit einigen Fehlvorstellungen behaftet, die es Lernenden schwer machen, Sätze zu durchschauen. Sie betreffen die inhaltliche Bedeutung, die Form und die Stellung.

Zur inhaltlichen Bedeutung: Wegen der deutschen Bezeichnung *Satzgegenstand* stellen sich viele unter dem Subjekt etwas Gegenständliches vor; andere denken, es sei der Gegenstand oder Sachverhalt, von dem der Satz handelt. Beide Annahmen *können* zutreffen, aber sie müssen es nicht. Ein gutes Gegenbeispiel sind die Witterungsverben: *Es donnert. Es hagelt. Es hat geblitzt.* Hier besteht das Subjekt aus dem Wörtchen *es*, und das ist inhaltsleer. Es hat eine rein grammatische Funktion. Daraus können Sie ableiten: Das Subjekt ist nicht immer inhaltlich zu erfassen. Was dagegen immer gilt, ist die grammatische Definition: Es ist das unmittelbare Gegenüber des Prädikats.

Zur Form: Viele denken beim Subjekt unweigerlich an ein Substantiv. Tatsächlich besteht das Subjekt häufig aus einem Substantiv oder aus einer Wortgruppe, deren Kopf ein Substantiv ist. Aber auch das ist kein Muss. Das Subjekt kann genauso gut ein Pronomen sein, eine Infinitivkonstruktion oder ein Nebensatz: *Er wartet schon lange. Noch länger zu warten lohnt sich nicht. Wer so lange gewartet hat, sollte endlich drankommen.* Ein Nebensatz in der Position eines Subjekts ist ein Subjektsatz.

Zur Stellung: Viele erwarten das Subjekt ausschließlich an der ersten Stelle. Dort steht es in der Tat sehr häufig. Doch wie Sie aus der Verschiebeprobe oben wissen, kann es auch an anderer Stelle stehen, und zwar hinter dem finiten Verb (im Beispiel nach dem *ist* an der dritten Stelle).

Sind die Fehlvorstellungen zurechtgerückt, ist das Subjekt leicht zu ermitteln, am besten mit der Wer-oder-was-Frage. Dann ist lediglich noch zu beachten, dass es auch Konstruktionen ohne Subjekt gibt, etwa beim unpersönlichen Passiv: *In der zweiten Stunde wurde heftig diskutiert.* Hier läuft die Wer-oder-was-Frage ins Leere. Doch solche Sätze sind die Ausnahme. In der Regel ist ein Subjekt vorhanden.

Das Subjekt ist das Satzglied, auf das sich das Prädikat bezieht. Subjekt und Prädikat bilden das Grundgerüst des Satzes.

Objekt

Das Objekt (die Satzergänzung) ist ein Satzglied, das angibt, auf wen oder worauf sich das im Prädikat ausgedrückte Geschehen richtet. Es ergänzt das Grundgerüst aus Subjekt und Prädikat um eine zusätzliche Information.

Objekte sind nicht in jedem Satz vorhanden. Ob ein Objekt vorkommt oder nicht, das hängt von dem im Prädikat enthaltenen Vollverb ab. Zur Erinnerung: Verben haben die Eigenschaft, dass sie um sich herum Leerstellen schaffen, die besetzt werden müssen. Diese Eigenschaft ist die Wertigkeit oder Valenz des Verbs. Einwertige Verben schaffen lediglich *eine* Leerstelle, und die wird in der Regel durch ein Subjekt besetzt: *Der Junge* (S) | *haut ab.* Zweiwertige Verben schaffen zwei Leerstellen und benötigen mithin zwei Ergänzungen, etwa ein Subjekt und ein Objekt: *Der Junge* (S) | *verachtet* | *seinen Vater* (O). Dreiwertige Verben verlangen drei Ergänzungen, etwa ein Subjekt und zwei Objekte: *Der Vater* (S) | *gibt* | *dem Jungen* (O1)| *200 Euro* (O2). Das Prädikat entscheidet über Anzahl und Art der Objekte.

Es gibt vier Arten von Objekten: Akkusativobjekt, Dativobjekt, Genitivobjekt und Präpositionalobjekt. (Wenn Sie die vier Fälle nicht parat haben, schlagen Sie nach unter „Substantiv" in der zweiten Lektion.)

Das Akkusativobjekt ist eine Ergänzung im Akkusativ. Es kann vom Prädikat aus mit *wen oder was?* erfragt werden: *Der Vater verdient viel Geld.* → *Wen oder was verdient er?* → *viel Geld.* Das Akkusativobjekt kann aus einem Substantiv (mit oder ohne Begleitung) bestehen, aber auch in anderer Form erscheinen, so etwa als Pronomen, als Infinitivkonstruktion oder als Nebensatz: *Der Vater verspricht das. Der Vater verspricht, sich zu melden. Der Vater verspricht, dass er sich melden wird.* Ein Nebensatz in der Position eines Objekts ist ein Objektsatz.

Das Dativobjekt ist eine Ergänzung im Dativ. Es kann vom Prädikat aus mit *wem?* erfragt werden: *Der Vater vertraut dem Jungen.* → *Wem vertraut der Vater?* → *dem Jungen.* Das Dativobjekt tritt oft zusammen mit einem Akkusativobjekt auf, so etwa bei den Verben *empfehlen, geben, leihen, sagen, verbieten* oder *zeigen*.

Das Genitivobjekt ist eine Ergänzung im Genitiv und wird mit *wessen?* erfragt: *Der Vater erinnert sich seiner dienstlichen Pflichten.* → *Wessen erinnert er sich?* → *seiner dienstlichen Pflichten*. Es kommt nur selten vor. Beispiele sind *sich einer Sprache bedienen, sich seiner Stimme enthalten, der Toten gedenken, sich seiner Taten rühmen*.

Das Präpositionalobjekt ist über eine Präposition (ein Verhältniswort) ans Verb angeschlossen und kann auch nur über die Präposition erfragt werden: *Der Vater denkt an seine dienstlichen Pflichten.* → *Woran denkt er?* → *an seine dienstlichen Pflichten. Er kümmert sich nicht um seinen Sohn.* → *Um wen kümmert er sich nicht?* → *um seinen Sohn*. Beim Präpositionalobjekt sind die Präpositionen nicht frei wählbar, sondern vom Verb vorgegeben.

Objekte sind Satzglieder, die den Gegenstand oder Adressaten einer Handlung nennen. Ob und in welcher Art sie vorkommen, das wird vom Prädikat bestimmt.

Adverbial

Das Adverbial (die Umstandsbestimmung) ist ein Satzglied, das Angaben liefert zu den Umständen eines Geschehens: zum Ort, zur Zeit, zum Grund oder zur Art und Weise. Adverbiale können vom Prädikat als Ergänzung eingefordert werden, und sie können als freie Angaben vorkommen. Bitte vergleichen Sie:

(1) Der Sohn fühlt sich *einsam*.
(2) Er sitzt *einsam* am Pool.

Im ersten Satz ist das Adverbial notwendig. Würde es weggelassen, dann wäre der Satz unvollständig. Der zweite Satz dagegen könnte auch ohne Adverbial auskommen. Hier ist es eine grammatisch nicht notwendige Angabe.

In der Form sind Adverbiale sehr unterschiedlich. Sie können aus einem einzigen Wort bestehen, aus einer Wortgruppe oder aus einem Nebensatz. Ein solcher Nebensatz wäre dann ein Adverbialsatz. Hier sind Beispiele für verschiedene Formen:

- **Adverb**: *Das Schuljahr endet bald.*
- **ungebeugtes Adjektiv**: *Das Schuljahr ist gut gelaufen.*
- **Präpositionalphrase**: *Das Sommerfest findet im Park statt.*
- **Nominalphrase im Akkusativ**: *Das Sommerfest findet nächsten Freitag statt.*
- **Infinitivkonstruktion**: *Sie treffen sich, um das Fest vorzubereiten.*
- **Adverbialsatz**: *Sie sitzen zusammen, bis alle Aufgaben verteilt sind.*

Adverbiale sind Satzglieder, die Angaben machen zu den näheren Umständen eines Geschehens: zu Ort, Zeit, Grund oder Art und Weise.

Attribut

Das Attribut (die Beifügung) ist kein Satzglied, sondern nur Teil eines Satzglieds. Es ist nicht selbstständig und kann nur zusammen mit dem Rest des Satzglieds verschoben oder ersetzt werden.

Die meisten denken beim Stichwort *Attribut* an ein Adjektiv, das einem Substantiv zugeordnet ist. Das ist in der Tat eine häufige Form des Attributs, aber nicht die einzige. Das Attribut hat viele andere Erscheinungsformen; es kann seinem Bezugswort vorausgehen oder nachgestellt sein. Hier ist ein Überblick:

	Attributform	**Beispiel**
1	Adjektiv	Das alte Auto kommt nicht vom Fleck.
2	erweitertes Partizip	Das bei dem Unfall beschädigte Auto kommt nicht vom Fleck.
3	Adverb	Das Auto da kommt nicht vom Fleck.
4	Nominalphrase im Genitiv	Das Auto des Mannes kommt nicht vom Fleck.
5	Präpositionalphrase	Das Auto mit dem Motorschaden kommt nicht vom Fleck.
6	Apposition (Beisatz)	Das Auto, ein uralter Opel, kommt nicht vom Fleck.

7	Relativsatz	Das Auto, dessen Motor defekt ist, kommt nicht vom Fleck.
8	dass-Satz	Die Vermutung, dass es am Motor liegt, ist richtig.
9	Infinitivkonstruktion	Der Versuch, das Auto zum Fahren zu bringen, scheitert.

Eine der genannten Formen, die Apposition (6), bedarf vielleicht einer weiteren Erklärung. Eine Apposition ist ein substantivisches Attribut, das im gleichen Fall steht wie sein Bezugselement: *Am Montag, dem 3. Mai, treffe ich mich mit Frau Aling, der Fachbereichsleiterin.* Bitte beachten Sie: Obwohl die Apposition auf Deutsch *Beisatz* heißt, ist sie *kein* Satz im grammatischen Sinne. Dazu wäre ein Prädikat nötig, und das ist in der Apposition nicht vorhanden.

Unabhängig von der Form der Attribute gilt, dass sie nicht aus ihrem Satzglied herausgelöst werden können. Sie können nicht für sich allein stehen, sondern nur zusammen mit dem Rest des Satzglieds bewegt werden. Und daran erkennt man sie dann auch.

Attribute sind Teile von Satzgliedern. Sie fügen einem Satzglied Informationen bei und heißen deshalb auch Beifügungen.

Fragen

1. Das Prädikat wird – zu Recht – unweigerlich mit der Wortart Verb in Verbindung gebracht. Inwiefern kann auch die Wortart Substantiv beteiligt sein?

2. Viele Lernende bringen Subjekt und Substantiv durcheinander. Was ist der Unterschied?

3. Inwiefern ist die Zahl der Satzglieder in einem Satz begrenzt?

4. Der Satz „Ich warte“ enthält Subjekt und Prädikat und ist vollständig. Der Satz „Ich erwarte“ enthält Subjekt und Prädikat und ist *nicht* vollständig. Woran liegt das?

5. Am schwarzen Brett hängt die folgende Notiz: „Am Donnerstag, den 19. Oktober 20xx, trifft sich der Arbeitskreis in Raum 123.“ Was ist falsch daran?

Übungen

Erste Übung

Diese Übung dreht sich um die Aussage von Sätzen. Vorgegeben ist ein Beispielsatz mit nur *einer* Aussage, aber weit mehr Informationen. Ihre Aufgabe besteht darin, zumindest einen Teil der Informationen in eigenständige Aussagen – und damit Sätze – zu fassen. Beispiel: *Die angespannte Situation eskaliert.* → *Die Situation ist angespannt. Sie eskaliert.*

Der aus guten Verhältnissen stammende, doch von seinen Eltern vernachlässigte Junge ist zusammen mit einem Freund in einem geklauten Lada Richtung Walachei abgehauen.

____

____

____

____

____

Zweite Übung

In dieser Übung schärfen Sie Ihren Blick dafür, was als Einheit zusammengehört. Bitte setzen Sie Längsstriche zur Abgrenzung ein. Wenn Sie unsicher sind, führen Sie die Ersatz- oder Verschiebeprobe durch. Beispiel: *Der Vater des Jungen | geht | auf Geschäftsreise | mit seiner Assistentin.*

1. Für den 14-jährigen Maik Klingenberg | versprechen | die Ferien | nichts Gutes.
2. Insofern passen sie zum Schuljahr.
3. Maiks alkoholsüchtige Mutter macht wie schon so oft zuvor eine Entziehungskur.

4. Sein Vater wird von seiner schönen und immer zum Lachen aufgelegten Assistentin Mona abgeholt.
5. Zusammen gehen die beiden wichtigen Geschäften nach.
6. Maik ist von akuter Langeweile bedroht.
7. Daran kann weder der Pool im Garten noch das Geld auf dem Tisch etwas ändern.
8. Dann erscheint Tschick auf der Bildfläche.
9. Tschick, eigentlich Andrej Tschichatschow, kommt aus der Assi-Siedlung in Hellersdorf.
10. Von dort hat er den Sprung in Maiks Gymnasium geschafft.

Dritte Übung

Thema dieser Übung ist das Prädikat. Ihre Aufgabe besteht darin, in den folgenden Sätzen die Prädikate zu unterstreichen, bei mehrteiligen Prädikaten bitte sämtliche Teile.

1. Tschick ist erst vier Jahre zuvor mit seinem Bruder nach Deutschland gekommen.
2. Seitdem hat er eine beachtliche schulische Karriere hingelegt.
3. Nach einem Start in der Förderschule und Zwischenstationen in der Hauptschule und der Realschule besucht er nun das Gymnasium.
4. Oft genug hält ihn das Trinken vom Lernen ab.
5. Das meiste hat er ohnehin auf der Straße gelernt.
6. Er kann ohne Schlüssel ein Auto zünden.
7. Das wird er bei seinem großen Bruder abgesehen haben.
8. Der ist sein Vorbild.
9. Er ist cool.
10. Hör auf!

Vierte Übung

Es geht noch einmal darum, das Prädikat zu erkennen. Im Folgenden sehen Sie neben einfachen Sätzen mit nur *einem* Prädikat auch zusammengesetzte Sätze, in denen jeder Teilsatz sein eigenes Prädikat hat. Bitte unterstreichen Sie sämtliche Prädikate und achten Sie schon einmal auf deren Stellung.

1. Tschick und Maik überlegen ein Ziel für ihre Reise.
2. Tschick schlägt vor, dass sie seinen Großvater in der Walachei besuchen.
3. Wo genau die Walachei liegt, das können sie beide nicht sagen.
4. Also fahren sie nach Buchstaben und Primzahlen, bis sie sich für entlegene Sandpisten entscheiden.
5. Dort bringt Tschick Maik das Autofahren bei.
6. Und schließlich zeigt er ihm noch, wie das mit dem Kurzschließen funktioniert.
7. Damit gibt er Maik praktischen Physikunterricht.
8. Als Erstes begegnen die beiden einem Klassenkameraden, auf den sie hätten verzichten können.
9. Doch als dessen Vater eine Runde belegter Brötchen spendiert, sind sie versöhnt.
10. Tschick und Maik philosophieren über einen Insektenplaneten mit Insektenkino, wo ein Film läuft, der von zwei Jungen auf der Erde handelt, die ein Auto geklaut haben.

Fünfte Übung

Bitte unterstreichen Sie die Subjekte in den folgenden Sätzen. Denken Sie daran, dass Subjekte auch in Form von Nebensätzen auftreten können und dass jeder Nebensatz sein eigenes Subjekt hat. Beispiel: *Dass du mitmachst, freut mich. – Wer oder was freut mich? – dass du mitmachst* (Nebensatz als Subjekt) – *Wer oder was macht mit? – du* (Subjekt des Nebensatzes)

1. Tschick fährt mit Maik zu Tatjanas Party.
2. Tschick und Maik fahren zu Tatjanas Party.
3. Tschick und Maik hat Tatjana nicht eingeladen.
4. Tschick und Maik wurden von Tatjana nicht eingeladen.
5. Dass Tschick und Maik plötzlich aufkreuzen, überrascht Tatjana.
6. Die Idee, auf der Party aufzukreuzen, stammt von Tschick.
7. Einfach so auf der Party aufzukreuzen ist Tschicks Idee.
8. Maik überreicht Tatjana ein Geschenk, das er selbst gemacht hat.
9. Das Geschenk weiß Tatjana nicht zu würdigen.
10. Mit ihrem alten Lada brausen Tschick und Maik davon.

Sechste Übung

Bitte unterstreichen Sie die Objekte in den folgenden Sätzen. Zusätzlich können Sie noch angeben, um was für eine Art von Objekt es sich handelt: Akkusativobjekt [A], Dativobjekt [D], Genitivobjekt [G] oder Präpositionalobjekt [P]. Bei der Analyse sollten Sie drei Punkte beachten: 1. Es gibt auch Sätze ohne Objekt. 2. Ein Satz kann mehrere Objekte enthalten. 3. Ein dass-Satz kann Objekt sein und selbst Objekte enthalten.

1. Tatjana erfreut sich großer Beliebtheit [G].
2. Auch Maik ist in Tatjana verliebt.
3. Er denkt ständig an sie.
4. Allerdings denkt er auch, dass sie unerreichbar ist.
5. In vielen Stunden Arbeit malt er ihr ein Bild.
6. Es ist eine Zeichnung von Beyoncé.
7. Tschick sagt, dass er Tatjana diese Zeichnung unbedingt geben muss.
8. Tschick schlägt vor, dass Maik und er in Urlaub fahren wie normale Leute.

9. Normalos buchen vielleicht eine Reise und legen sich vierzehn Tage an den Strand.
10. Tschick und Maik jedoch verfolgen ein anderes Ziel.

Siebte Übung

Bitte unterstreichen Sie die Adverbiale in den folgenden Sätzen. Sie können Ort, Zeit, Grund oder Art und Weise betreffen; sie können aus einem Wort, einer Wortgruppe oder einem Nebensatz bestehen.

1. Viele Menschen können sich <u>selbst im Urlaub</u> nicht erholen.
2. Sie sind gestresst, weil sie den Ehrgeiz haben, alles mitzunehmen.
3. In diesem Sinne hetzen sie von einer Sehenswürdigkeit zur nächsten.
4. Alles wird detailliert in Fotos festgehalten.
5. So stehen am Ende einer manchen Reise mehr Fotos als Urlaubsfreuden.
6. Andere Menschen möchten lieber von morgens bis abends in der Sonne liegen.
7. Dabei möchten sie kühle Cocktails schlürfen und nette Leute kennen lernen.
8. Mit denen ziehen sie abends um die Häuser.
9. Wer diese Art von Urlaub nicht mag, kann zu Hause bleiben.
10. Dort kann man einiges entdecken, wenn man endlich einmal Zeit hat.

Achte Übung

Thema dieser Übung sind Attribute. Ihre Aufgabe besteht darin, welche zu erfinden. Bitte nehmen Sie den Ausgangssatz „Der Vater fährt weg“ und geben Sie dem Subjekt mindestens fünf verschiedenartige Attribute mit auf den Weg.

1. ______________________________
2. ______________________________
3. ______________________________
4. ______________________________
5. ______________________________

Neunte Übung

Bitte unterstreichen Sie die Attribute in den folgenden Sätzen. Wenn Sie sich nicht sicher sind, ob es sich um ein Attribut handelt, machen Sie die Verschiebeprobe. Attribute können nicht allein, sondern nur mit dem Rest des Satzglieds verschoben werden.

1. Der Roman *Tschick* handelt vom Unterwegssein.
2. Tschick und Maik, die beiden Helden, sind mit einem gestohlenen Lada in der ostdeutschen Provinz unterwegs.
3. Gleichzeitig sind sie auf dem Weg ins Erwachsenendasein.
4. Das ist für sie eine Welt, in der vieles neu, absurd und unbegreiflich ist.
5. Trotz des holprigen Zugangs ist es eine freundliche Welt.
6. Die Menschen, denen Tschick und Maik begegnen, meinen es gut mit ihnen.
7. Der Vater ihres Schulkameraden kauft ihnen belegte Brötchen.
8. Die Aussteigerin mit ihren fünf Kindern lädt sie zum Mittagessen ein.
9. Es gibt Risi-Pisi und einen bonfortionösen Nachtisch mit Himbeeren.
10. Zum Club der netten Menschen gehört schließlich auch die Sprachtherapeutin, die aussieht wie ein Flusspferd.

Siebte Lektion
Satzbau: Mit Mustern arbeiten

Diese Lektion beschreibt die Vorgaben, nach denen Sie Ihre individuellen Sätze entwerfen können. Zunächst werden Grundbegriffe erklärt, unter anderem Hauptsatz *und* Nebensatz. *Dann sehen Sie, welche Möglichkeiten Sie haben, Sätze miteinander zu verbinden. Sie werden sich außerdem mit der Satzklammer vertraut machen sowie mit den Stellungsfeldern, die sich daraus ergeben. Auf dieser Grundlage lernen Sie, Sätze durch Ausklammerung und alternative Maßnahmen zu entspannen.*

Nutzwert

Diese Lektion ist der logische Anschluss an die vorige Lektion. Dort ging es um die Elemente, aus denen Sätze gebildet werden; hier geht es um deren Anordnung in verschiedenartigen Sätzen. Beides gehört zusammen. Es ist das Wissen, das Sie brauchen, um Ihr Gespür für Sätze zu verfeinern und zu festigen.

Ein feines Gespür für Sätze wird Ihnen das Lesen, Schreiben und Korrigieren leichter machen. Beim Lesen werden Sie Sätze schneller erfassen können. Beim Schreiben können Sie die verschiedenen Formen gezielt einsetzen, um den Leserhythmus zu steuern. Sie können den Informationsfluss bremsen oder beschleunigen und Angaben wie gewünscht hervorheben. Beim Korrigieren können Sie erkennen, wo genau etwas schiefgelaufen ist. Damit haben Sie einen konkreten Ansatzpunkt zum Erklären. Kurzum: Diese Lektion hilft Ihnen, Sätze als gestaltbare Einheiten zu begreifen und zu vermitteln.

Satzformen

Die Form eines Satzes ist geprägt durch die Stellung des finiten (gebeugten) Verbs. Es kann in drei verschiedenen Positionen stehen: an erster Stelle, an zweiter Stelle oder an letzter Stelle. Demnach werden drei Satzformen unterschieden: Verberstsätze (Stirnsätze), Verbzweitsätze (Kernsätze) und Verbletztsätze (Spannsätze). Und so sehen sie aus:

- **Verberstsätze**
  Macht Anna ein Praktikum?
  Wird Anna ein Praktikum machen?
  Mach doch ein Praktikum!
- **Verbzweitsätze**
  Anna macht ein Praktikum.
  Anna wird ein Praktikum machen.
- **Verbletztsätze**
  Ich hoffe, *dass Anna ein Praktikum macht*.
  Ich weiß nicht, *ob Anna ein Praktikum machen wird*.

An den Beispielen können Sie gewisse Zuordnungen erkennen: Verberststellung bei Entscheidungsfragen und Aufforderungssätzen, Verbzweitstellung im einfachen Aussagesatz, Verbletztstellung im konjunktionalen Nebensatz.

Ausschlaggebend für die Satzform ist die Stellung des finiten Verbs.

Hauptsatz und Nebensatz

Die Bezeichnungen *Hauptsatz* und *Nebensatz* werden zwar wie selbstverständlich verwendet, aber lange nicht immer richtig verstanden. Deshalb tun sich viele schwer damit, Haupt- und Nebensätze voneinander zu unterscheiden. Dabei hat die Unterscheidung durchaus praktische Bedeutung.

Ein Hauptsatz ist ein Satz, der keinem anderen Satz untergeordnet ist. Ein Nebensatz ist ein untergeordneter Satz; er kann nicht allein stehen. Daraus wird häufig der Umkehrschluss gezogen, ein Hauptsatz sei ein Satz, der allein stehen könne. Doch das ist nicht unbedingt der Fall. Vergleichen Sie dazu die folgenden Kombinationen:

(1) *Anna macht ein Praktikum in der Tierklinik*, da sie Tierärztin werden will.
(2) Da Anna Tierärztin werden will, *macht sie ein Praktikum in der Tierklinik*.
(3) Wer Tierärztin werden will, *macht am besten ein Praktikum in der Tierklinik*.

Die kursiv gedruckten Sätze sind die Hauptsätze. Im ersten Beispiel könnte der Hauptsatz tatsächlich, so wie er ist, allein stehen. Im zweiten Beispiel wäre das schon nicht mehr möglich. Würde man hier den Nebensatz, einen Adverbialsatz, weglassen, dann wäre die Satzstellung gestört. Im dritten Beispiel ist der Hauptsatz auf den Nebensatz angewiesen, weil der ihm das Subjekt liefert. *Wer oder was macht am besten ein Praktikum in der Tierklinik? → wer Tierärztin werden will.* Der Nebensatz ist ein Subjektsatz und als solcher unverzichtbar. Also scheidet das Allein-stehen-Können als Erkennungsmerkmal für Hauptsätze aus.

Der sicherste Anhaltspunkt für die Unterscheidung von Haupt- und Nebensätzen ist die Stellung des finiten Verbs. Im Hauptsatz steht es an der zweiten Stelle; im Nebensatz steht es an der letzten Stelle. Das ist mit ein Grund, warum Hauptsätze – jedenfalls solche mit einteiligem Prädikat – leichter zu erfassen sind als Nebensätze. Die Aussage erschließt sich bereits vorne im Satz. Im Nebensatz dagegen lässt sie auf sich warten bis zum Schluss. Die unterschiedliche Wirkung erkennen Sie am besten in Beispielen:

(1) Anna *versorgt* die Hunde nach dem Aufwachen aus der Narkose.
(2) Ich habe gehört, dass Anna die Hunde nach dem Aufwachen aus der Narkose *versorgt* [*verprügelt?*].

In der Nebensatz-Variante (2) erfahren Sie erst mit dem letzten Wort, was Anna mit den Hunden anstellt. Dabei ist genau das der Kern der Aussage. In längeren Nebensätzen kann das Warten auf diesen Kern eine regelrechte Hängepartie sein.

Im Hauptsatz steht das gebeugte Verb an der zweiten Stelle, im Nebensatz steht es am Schluss.

Einfacher Satz und komplexer Satz

Ein einfacher Satz ist ein Satz mit *einem* Prädikat. Dabei kann es sich nur um einen Hauptsatz handeln. Denn ein Nebensatz braucht einen Trägersatz, und damit wären mindestens zwei Prädikate vorhanden.

Ein einfacher Satz ist nicht notwendigerweise ein kurzer und einfach zu lesender Satz. Er kann vollgepackt sein mit Informationen. Hier ist ein Beispiel für einen länglichen und nicht einfach zu lesenden einfachen Satz:

> Die auf einem Bauernhof mit Rindern, Schweinen und Hühnern aufgewachsene Anna versorgt während ihres Praktikums in der Tierklinik frisch operierte Hunde aller Rassen nach dem Aufwachen aus der Narkose mit Wasser und bei Bedarf auch mit kleinen Futtergaben.

Der Satz enthält ein Sammelsurium an Informationen, aber nur *einen* Kern: das Prädikat *versorgt*. Nach diesem *einen* Prädikat richtet sich die Definition als einfacher Satz.

Ein komplexer Satz ist ein Satz, der aus mehreren Teilsätzen zusammengesetzt ist. Deshalb spricht man auch von einem *zusammengesetzten Satz*. Da jeder Teilsatz sein eigenes Prädikat hat, ist ein komplexer Satz ein Gebilde mit mehreren Prädikaten. Auch dazu ein Beispiel:

> Anna, die auf einem Bauernhof aufgewachsen ist, versorgt frisch operierte Hunde.

Der eine Teilsatz hat das Prädikat *versorgt*, der andere Teilsatz hat das Prädikat *aufgewachsen ist*. Mit zwei Prädikaten ist der Satz komplex, auch wenn er inhaltlich einfach ist.

Ein einfacher Satz hat ein *Prädikat. Ein komplexer Satz besteht aus mehreren Teilsätzen und hat deshalb mehrere Prädikate.*

Satzreihe, Satzgefüge, zusammengezogener Satz

Teilsätze können auf unterschiedliche Weise zusammengesetzt werden. Je nach Art der Zusammensetzung unterscheidet man Satzreihe, Satzgefüge und zusammengezogenen Satz.

Die Satzreihe besteht aus Teilsätzen, die einander gleichgeordnet sind. Das können nur Hauptsätze sein. Dazu ein Beispiel:

> Das Praktikum in der Tierklinik gefällt Anna gut [HS1], und es bestärkt sie in ihrem Berufswunsch [HS2].

Nach dem ersten Teilsatz könnte auch ein Punkt stehen. Dann wären die Sätze stärker gegeneinander abgegrenzt. Das Komma ist optional.

Das Satzgefüge besteht aus Teilsätzen, die *nicht* auf einer Ebene liegen. Es ist die Verbindung aus einem Hauptsatz und mindestens einem Nebensatz.

Das Praktikum in der Tierklinik gefällt Anna so gut [HS], dass es sie in ihrem Berufswunsch bestärkt [NS].

Der Wechsel der Satzebene wird durch ein Komma markiert. Also kommt in jedem Satzgefüge mindestens *ein* Komma vor.

Der zusammengezogene Satz ist eine Aneinanderreihung mit Einsparung. Beteiligt sind gleichrangige Teilsätze, die ein Element gemeinsam haben. Bei der Zusammenziehung wird dieses gemeinsame Element nur einmal genannt. Das geht so:

(1) Das Praktikum in der Tierklinik gefällt Anna gut und [~~das Praktikum in der Tierklinik~~] bestärkt sie in ihrem Berufswunsch.
(2) Anna ist sich jetzt sicher, dass sie Tiermedizin studieren [~~will~~] und [~~dass sie~~] in einer Tierklinik arbeiten will.

Im ersten Beispiel sind zwei Hauptsätze zusammengezogen, im zweiten Beispiel zwei Nebensätze. Durch das Zusammenziehen werden die Teilsätze so eng miteinander verbunden, dass sie sich in einem Rutsch lesen, als sei es nur *ein* Satz.

Vereinfachend können Sie sagen:
Satzreihe: Hauptsatz + Hauptsatz
Satzgefüge: Hauptsatz + Nebensatz
zusammengezogener Satz: Aneinanderreihung mit Einsparung

Satzklammer

Die Satzklammer (oder *Verbalklammer*) ist eine Eigenheit des deutschen Satzbaus, die sich aus dem Verhalten des Prädikats ergibt. Besteht das Prädikat aus mehreren Teilen, so treten diese Teile nicht unbedingt in unmittelbarer Folge auf, sondern sie erlauben andere Elemente in ihrer Mitte. Diese Elemente werden wie mit einer Klammer umfasst. Das ist die Satzklammer.

Im Hauptsatz besteht die linke Klammer [LK] aus dem finiten Verb, die rechte Klammer [RK] aus dem Rest des Prädikats. Und so sieht das Ganze aus:

(1) *Hat* [LK] Anna mittlerweile ein Praktikum *gemacht* [RK]?
(2) Anna *wird* [LK] ein Praktikum *gemacht haben* [RK].
(3) Annas Einsatz *dürfte* [LK] sehr gut *bewertet worden sein* [RK].

Bei einem einteiligen Prädikat ist die rechte Klammer offen: *Anna macht* [LK] *ein Praktikum.*

In Nebensätzen mit dem Prädikat in Letztstellung ist die Klammer anders gebaut als im Hauptsatz: Sie besteht linker Hand aus der Nebensatzkonjunktion, rechter Hand aus dem gesamten Prädikat. Auch dazu Beispiele:

(1) Anna sagt, *dass* [LK] *sie gerne mit Tieren arbeitet* [RK].
(2) Sie möchte Tierärztin werden, *weil* [LK] *sie schon immer gerne mit Tieren gearbeitet hat* [RK].
(3) *Obwohl* [LK] *viele Tiere eingeschläfert werden mussten* [RK], fand Anna die Arbeit in der Tierklinik befriedigend.

In der rechten Klammer kann es, so wie im dritten Beispiel, zu einer Häufung von Verbformen kommen. Deren Abfolge ist genau geregelt. Im Normalfall steht das finite Verb am Ende der Klammer (*gearbeitet hat*, *eingeschläfert werden mussten*). Eine Abweichung von diesem Normalfall liegt etwa dann vor, wenn zwei oder sogar drei reine Infinitive beteiligt sind. In diesen Fällen wird das finite Verb an den Anfang der Klammer gezogen:

(1) Anna will wissen, ob Anton die geplante Weltreise *hat verwirklichen können.*
(2) Sie vermutet, dass er sich die Weltreise nicht *wird haben leisten können.*

Wenn Sie über solchen Häufungen ins Stolpern geraten, tun Sie gut daran, sich einen möglichst klangvollen Mustersatz auszudenken und einzuprägen. Beispiel: *Doch wir wollen ihm nicht grollen, weil er's wird haben sagen sollen.* Oder: *Und ich kann es gar nicht fassen, dass sie ihn hat sitzen lassen.* Solche Mustersätze können Sie bei Bedarf hervorholen und auf vergleichbare Konstruktionen übertragen.

Satzklammer im Hauptsatz: finites Verb links, Rest des Prädikats rechts; Satzklammer im Nebensatz: Konjunktion links, gesamtes Prädikat rechts.

Stellungsfelder

Durch die Satzklammer wird der Satz in drei Stellungsfelder eingeteilt. Vor der linken Klammer befindet sich das Vorfeld; zwischen linker und rechter Klammer liegt das Mittelfeld; nach der rechten Klammer kommt das Nachfeld.

	Vorfeld	LK	Mittelfeld	RK	Nachfeld
1	Anton	hat	so viel Geld	gespart,	dass er verreisen kann.
2	Als Erstes	will	Anton in die USA	reisen.	---
3	Anton	wird	---	aufbrechen,	sobald es geht.
4	---	Wird	Anton uns	schreiben	von unterwegs?

Das Vorfeld kann höchstens *ein* Satzglied enthalten; mehr geht nicht. Im Mittelfeld dagegen können mehrere Satzglieder stehen. Nur sollten diese nicht zu zahlreich und zu sperrig sein. Das würde die Lesbarkeit behindern. Dazu ein Beispiel:

> Anton | *hat* | mit eiserner Disziplin und mit Hilfe seiner Eltern und Großeltern, die ihm immer mal was zugesteckt haben(1), in den letzten drei Jahren(2) genügend Geld für eine Reise um die Welt(3) | *gespart*.

Im Beispielsatz beginnt das Mittelfeld mit einer Umstandsbestimmung der Art und Weise(1), es fährt fort mit einer Umstandsbestimmung der Zeit(2) und endet mit einem Akkusativobjekt(3). Somit geht der Weg von der linken zur rechten Klammer über drei Satzglieder und insgesamt 30 Wörter. Da ist es kein Wunder, wenn man den Faden verliert.

Das Nachfeld ist oft mit einem Nebensatz besetzt (so wie in den Tabellen-Beispielen 1 und 3). Es kann Elemente aufnehmen, die aus dem Mittelfeld ausgeklammert werden (so wie in Beispiel 4).

Die Satzklammer teilt den Satz in Vorfeld, Mittelfeld und Nachfeld.

Ausklammerung

Die Ausklammerung können Sie sich bildlich vorstellen: Es werden Elemente aus der Klammer – sprich: aus dem Mittelfeld – herausgenommen und ins Nachfeld gestellt. Dadurch wird die Satzklammer entspannt und die Information übersichtlicher verteilt.

Was die Ausklammerung im Einzelnen bewirkt, erkennen Sie am besten im Vergleich. In den a-Versionen steht die fragliche Information (kursiv) im Mittelfeld; in den b-Versionen ist sie ausgeklammert.

(1a) Bert ist *für jeden Vorschlag, der ihn bei der Berufsorientierung weiterbringt,* dankbar.
(1b) Bert ist dankbar *für jeden Vorschlag, der ihn bei der Berufsorientierung weiterbringt.*

Die Ausklammerung führt dazu, dass die Aussage – hier: *ist dankbar* – sich schneller erschließt.

(2a) Charly hat sich *gegen den Willen seiner Eltern* für eine Ausbildung zum Geigenbauer entschieden.
(2b) Charly hat sich für eine Ausbildung zum Geigenbauer entschieden, *und das gegen den Willen seiner Eltern.*

Die Ausklammerung bewirkt eine besondere Betonung. Was im Mittelfeld als eine Information von vielen untergehen kann, wird im Nachfeld herausgestellt.

(3a) Emma nimmt *an einem von der Uni veranstalteten zweitägigen Seminar zur Berufsorientierung* teil.
(3b) Emma nimmt teil *an einem von der Uni veranstalteten zweitägigen Seminar zur Berufsorientierung.*

Bei Verben mit Zusatz (wie *teilnehmen*) lässt die Ausklammerung das Verb und den Zusatz, die ja als ein Wort zusammengehören, wieder enger zusammenrücken. Dadurch wirkt der Satz nicht mehr so zerrissen.

Ausklammerung lichtet das Mittelfeld und nutzt das Nachfeld.

Alternativen zur Ausklammerung

Ausklammerung ist ein Mittel, um überspannte Satzklammern zu entspannen. Die gleiche Wirkung können Sie auch mit anderen Mitteln erzielen. Sie reichen vom Ersatz eines einzigen Wortes bis hin zum Neuformulieren der gesamten Information. Sehen Sie sich das im Einzelnen an.

Kommt die Satzklammer durch ein trennbares Verb zustande, dann prüfen Sie, ob auch ein untrennbares Verb zur Verfügung steht. Damit können Sie die Klammer öffnen.

(1a) Das Seminar *trägt* viel zu einer klaren Sicht der Dinge und zu einer überlegten Entscheidung *bei*.
(1b) Das Seminar *fördert* eine klare Sicht der Dinge und eine überlegte Entscheidung.

Bei der Satzklammer im Nebensatz prüfen Sie, ob die Umwandlung in einen Hauptsatz möglich ist. Damit können Sie das Prädikat nach vorne ziehen.

(2a) Emil möchte Jura studieren, *weil* er sich davon einen angesehenen Abschluss mit entsprechend guten Berufsaussichten und vor allem ein dickes Gehalt *verspricht*.
(2b) Emil möchte Jura studieren, denn davon *verspricht* er sich einen angesehenen Abschluss mit entsprechend guten Berufsaussichten und vor allem ein dickes Gehalt.

Bei Sätzen, die schlichtweg überladen sind, werden Sie mit kleineren Eingriffen nicht groß etwas ausrichten können. In dem Fall sollten Sie den Satz aufbrechen und die darin enthaltene Information in mehreren Sätzen neu ordnen. So könnte man etwa das Negativbeispiel von oben (unter „Stellungsfelder“) verbessern:

(3a) Anton *hat* mit eiserner Disziplin und mit Hilfe seiner Eltern und Großeltern, die ihm immer mal was zugesteckt haben, in den letzten drei Jahren genügend Geld für eine Reise um die Welt *gespart*.
(3b) Anton *hat* in den letzten drei Jahren genügend Geld für eine Reise um die Welt *gespart*. Gelungen ist ihm das dank eiserner Disziplin und mit Hilfe seiner Eltern und Großeltern, die ihm immer mal was zugesteckt haben.

Denken Sie daran: Es gibt überhaupt keinen Grund, Informationen auf Biegen und Brechen in einen Satz zu zwängen. Sagen Sie lieber eins nach dem anderen, jedes in einem Satz für sich. Dann kann es genau in dieser Folge gelesen und verstanden werden.

Zum Umgang mit der Satzklammer: 1. erkennen, 2. Spannung prüfen, 3. Mittel der Entspannung wählen

Fragen

1. Auf die Frage „Was ist ein Hauptsatz?“ antworten viele: „Ein Hauptsatz ist ein Satz, der für sich allein stehen kann.“ In welchen Fällen erweist sich diese Antwort als irreführend?

2. Kurt Tucholsky schreibt in „Ratschläge für einen guten Redner“ als Erstes „Hauptsätze. Hauptsätze. Hauptsätze.“ Auch andere Schreibratgeber empfehlen, Hauptsätze gegenüber Nebensätzen zu bevorzugen. Was ist der Hintergrund solcher Empfehlungen?

3. Auch Hauptsätze kann man vermurksen. Wie zum Beispiel?

4. Ein einfacher Satz enthält keinen Nebensatz, also auch kein Komma, das Hauptsatz und Nebensatz trennt. Kann man daraus ableiten, dass ein einfacher Satz immer ein kommafreier Satz ist?

5. Der folgende Satz enthält einen Fehler, den man häufig hört und sieht: „Ich bin zu spät gekommen, weil mir ist der Bus weggefahren.“ Was ist hier passiert? Wie könnte man den Fehler berichtigen?

Übungen

Erste Übung

Thema dieser Übung sind Satzformen. Bitte geben Sie an, ob es sich um einen Verberstsatz (finites Verb an 1. Stelle) handelt, um einen Verbzweitsatz (finites Verb an 2. Stelle) oder um einen Verbletztsatz (finites Verb an letzter Stelle). Denken Sie daran, dass bei zusammengesetzten Sätzen mehrere Sätze zu untersuchen sind.

1. Haben mittlerweile alle eine Praktikumsstelle gefunden? [Verberstsatz]
2. Wer sucht noch eine Praktikumsstelle? [____________]
3. Die Schule kann bei der Suche behilflich sein. [____________]
4. Lasst euch bei der Suche nicht von Bequemlichkeit leiten, sondern folgt lieber euren wahren Interessen. [____________; ____________]
5. Bei der Suche solltet ihr euch nicht von Bequemlichkeit leiten lassen, sondern lieber von euren wahren Interessen. [____________]
6. Am besten betrachtet ihr das Praktikum als einen Probelauf für die Arbeit. [____________]
7. Dazu gehört eine Bewerbung, die den möglichen Arbeitgeber von euren Qualitäten überzeugt. [____________; ____________]
8. Während des Praktikums kommt es darauf an, dass ihr interessiert und aufgeschlossen an eure Aufgaben herangeht. [____________; ____________]
9. Wer im Praktikum lediglich eine schulfreie Zeit sieht, wird keinen großen Nutzen daraus ziehen. [____________; ____________]

10. Ein gut genutztes Praktikum dagegen bringt euch in der Berufsorientierung ein großes Stück voran. [____________]

Zweite Übung

In dieser Übung unterscheiden Sie einfache und komplexe Sätze. Bitte geben Sie an, worum es sich jeweils handelt. Tipp zum Vorgehen: Prüfen Sie, wie viele Prädikate vorhanden sind.

1. Praktika sind in Verruf geraten, da sie häufig als billige Arbeitseinsätze missbraucht werden. [komplex]
2. Das trifft hauptsächlich auf solche Praktika zu, die nach dem Abschluss einer Ausbildung erfolgen. [____________]
3. Nach Abschluss ihrer Ausbildung oder ihres Studiums treten viele erst einmal ein Praktikum an. [____________]
4. Viele Menschen ohne reguläre Arbeit lassen sich auf Praktika ein, und das für mehrere Monate am Stück. [____________]
5. Ihnen kommt es darauf an, dass sie einen Fuß in der Tür haben. [____________]
6. Sie leisten gute Arbeit und stellen keine Forderungen. [____________]
7. Sie nehmen mehr unangenehme Pflichten auf sich als andere. [____________]
8. Sie nehmen mehr unangenehme Pflichten auf sich, als andere das tun. [____________]
9. Insofern sind sie den Arbeitgebern – und nicht zuletzt den Kolleginnen und Kollegen – willkommene Arbeitskräfte. [____________]
10. Doch darum sind sie noch lange nicht auch in einem regulären Arbeitsverhältnis willkommen. [____________]

Dritte Übung

Hauptsätze. Hauptsätze. Hauptsätze. Ihre Aufgabe besteht darin, in den folgenden komplexen Sätzen die Hauptsätze zu unterstreichen. Tipp zum Vorgehen: Konzentrieren Sie sich auf das wesentliche Merkmal. Das ist das finite Verb an der zweiten Stelle. (Dabei kann die erste Stelle auch von einem Nebensatz besetzt sein.)

1. Wer noch keine konkreten Berufsvorstellungen hat, <u>kommt vielleicht mit einer Auszeit weiter</u>.
2. Auszeit bedeutet nicht, dass man abhängt und gar nichts tut.
3. In einer gut genutzten Auszeit tankt man Energie und man sammelt neue Ideen.
4. Dabei hilft ein neues Umfeld, wie man es etwa beim Reisen oder bei einem freiwilligen Einsatz erlebt.
5. Übrigens kann man, wenn man will, auch beides miteinander verbinden.
6. Übrigens kann man auch beides miteinander verbinden, etwa in einem Europäischen Freiwilligendienst.
7. Damit man genau das Richtige findet, sollte man sich gut informieren.
8. Für diejenigen, die einen freiwilligen Einsatz vor Ort leisten möchten, bietet sich ein freiwilliges soziales Jahr (FSJ) oder ein freiwilliges ökologisches Jahr (FÖJ) an.
9. Da es sich um Bildungsdienste handelt, werden sie pädagogisch begleitet.
10. FSJler und FÖJler lernen viel Fachliches und sie erfahren einiges über sich selbst.

Vierte Übung

Thema dieser Übung sind Sätze mit ihren unterschiedlichen Verknüpfungsmöglichkeiten. Bitte geben Sie für die folgenden Sätze an, worum es sich jeweils handelt: um einen einfachen Satz, ein Satzgefüge, eine Satzreihe oder einen zusammengezogenen Satz.

1. Während FSJ und FÖJ nur jungen Menschen offenstehen, ist der Bundesfreiwilligendienst ein Angebot auch für ältere Menschen. [Satzgefüge]
2. Während des Bundesfreiwilligendienstes sind die Freiwilligen gesetzlich sozialversichert. [____________]
3. Sie erhalten ein Taschengeld und – je nach Vereinbarung – weitere Leistungen wie etwa Arbeitskleidung und Verpflegung. [____________]
4. Sie werden an der Einsatzstelle fachlich begleitet und nehmen an Seminaren teil. [____________]
5. Die Freiwilligen erfüllen sinnstiftende Aufgaben und die Hilfebedürftigen profitieren von ihrem Engagement. [____________]
6. Eingerichtet wurde der Bundesfreiwilligendienst nach dem Aussetzen der Wehrpflicht und damit auch des Zivildienstes zum 1. Juli 2011. [____________]
7. Alle Stellen, die bis dahin Zivildienstleistende beschäftigt hatten, wurden automatisch als Einsatzstellen des Bundesfreiwilligendienstes anerkannt. [____________]
8. Die Regeldauer von zwölf Monaten kann auf sechs Monate verkürzt und auf 18 Monate erweitert werden. [____________]
9. Grundsätzlich handelt es sich um einen ganztägigen Dienst, doch Freiwillige über 27 Jahre können ihn auf Teilzeit reduzieren. [____________]

10. Obwohl es sich grundsätzlich um einen ganztägigen Dienst handelt, können Freiwillige über 27 Jahre ihn auf Teilzeit reduzieren.
    [______________]

Fünfte Übung

Der folgende Text besteht ausschließlich aus einfachen Sätzen. Lesen Sie ihn zunächst als Ganzes, am besten laut, und achten Sie auf den Rhythmus. Dann gehen Sie bitte den Text in kleinen Schritten durch und überlegen Sie, wo Sie gegebenenfalls den Rhythmus verbessern und Zusammenhänge stärken können, indem Sie Sätze miteinander verknüpfen. Benutzen Sie Schmierpapier und testen Sie ruhig mehrere Versionen. Wenn Sie die miteinander vergleichen, sehen Sie, wie stark allein der Satzbau Texte verändern kann.

1. Frau Aling ist 40 Jahre alt.
2. Sie kommt aus Syrien.
3. Dort hat sie als Apothekerin gearbeitet.
4. Ihr Abschluss ist hier nicht anerkannt.
5. Frau Aling hat innerhalb eines Jahres Deutsch gelernt.
6. Jetzt kann sie eine Ausbildung zur Pflegehilfskraft machen.
7. Dazu besucht sie einen mehrmonatigen Kurs.
8. Daran wird sich ein 14-tägiges Praktikum anschließen.
9. Mit dem Abschluss als Pflegehilfskraft will Frau Aling Arbeit finden.
10. Am liebsten möchte sie in einem Altenheim arbeiten.
11. Arbeit in einem ambulanten Pflegedienst scheidet aus.
12. Denn Frau Aling fährt nicht Auto.
13. Frau Aling möchte selbst Geld verdienen.
14. Sie möchte nicht länger auf Unterstützung angewiesen sein.
15. Sie möchte ihrer Familie in Syrien helfen.

Sechste Übung

Hier üben Sie, die Satzklammer im Hauptsatz zu erkennen. Sie besteht aus dem finiten Verb links und dem Rest des Prädikats rechts. Sie kann auch offen sein. Bitte unterstreichen Sie die linke und, falls vorhanden, die rechte Klammer in den Hauptsätzen.

1. Irgendwann einmal möchte Frau Aling wieder als Apothekerin arbeiten.
2. Nach Syrien wird sie, solange der Krieg wütet, nicht zurückkehren können.
3. Sie stellt sich auf einen längeren, wenn nicht gar dauerhaften Aufenthalt in Deutschland ein.
4. Deshalb ist ihr das Deutschlernen so wichtig.
5. Sie will das, was um sie herum geschieht, verstehen können.
6. Dabei hilft ihr vor allem Frau Beling, eine pensionierte Lehrerin.
7. Frau Beling setzt sich schon seit Langem in der Flüchtlingshilfe ein.
8. Nach all den Jahren in der Schule kann sie sich ein Leben ohne Unterrichten gar nicht vorstellen.
9. Sie kennt sich bestens aus mit Bildungsangeboten und Einstiegshilfen.
10. Trotz aller Fortschritte in Deutschland vermisst Frau Aling ihre Heimat.

Siebte Übung

Hier geht es um die Satzklammer im konjunktionalen Nebensatz. Sie besteht aus der Nebensatzkonjunktion links und dem gesamten Prädikat rechts. Bitte unterstreichen Sie linke und rechte Klammer in den Nebensätzen.

1. Schule kann zur Berufsorientierung beitragen, indem sie Lernende in ihren Stärken fördert.
2. Schwächen sollten zumindest so weit ausgeglichen werden, dass sie kein allgemeines Hindernis darstellen.
3. Soweit Lernende ihre Stärken und Schwächen erkennen, können sie realistische Ziele ausmachen.
4. Wenn es um Berufe im Einzelnen geht, leistet die Datenbank der Arbeitsagentur gute Dienste.
5. Allerdings kann eine Datenbank, selbst wenn sie noch so gut ist, nicht die persönliche Beratung ersetzen.
6. Denn die bezieht, wie der Name schon nahelegt, die Persönlichkeit mit ein.
7. Das ist unbedingt zu beachten, da bei der Arbeit der ganze Mensch gefragt ist und nicht nur seine fachliche Qualifikation.

8. So kann ein Mensch fehl am Platz sein, obwohl er von seinem Wissen und Können her durchaus für seine Aufgabe geeignet ist.
9. Fraglich ist, ob er das wird durchhalten können.
10. Manchmal ist es besser zu gehen, statt dass man gequält und unzufrieden ausharrt.

Achte Übung

Thema ist die Überdehnung der Satzklammer. In den folgenden Sätzen stehen die markierten Klammerteile weit auseinander. Bitte ändern Sie das. Nutzen Sie alle Strategien, die Sie kennen.

1. Zu der Veranstaltung laden wir die Eltern sowie alle Freunde und Förderer der Schule ein.

   Zu der Veranstaltung laden wir die Eltern ein sowie alle Freunde und Förderer der Schule.

2. Im Zuge unserer Umweltkampagne bieten wir ausschließlich vegetarisches Essen, Kaltgetränke in Pfandflaschen und Heißgetränke in Porzellanbechern an.

3. Bis jetzt haben zwei Ehemalige mit sehr interessanten Lebensläufen, ein FSJler und ein FÖJler sowie drei örtliche Unternehmen ihre Teilnahme zugesagt.

4. Sehr gerne würden wir noch eine Frau mit Berufserfahrung und -erfolg in einem MINT-Fach für unsere Veranstaltung gewinnen.

____

____

____

5. Es würden sich viel mehr Mädchen auf MINT-Fächer einlassen, wenn sie Frauen in den entsprechenden Berufen als Selbstverständlichkeit und nicht als irrige Ausnahme erlebten.

____

____

____

6. Umgekehrt würden sich ohne die Angst, als Weicheier belächelt zu werden, viel mehr Jungen für soziale Berufe interessieren.

____

____

____

7. Allerdings ist hier ehrliche Aufklärung über die Arbeitsbedingungen wie etwa den ständigen Druck, die hohe körperliche Belastung und die schlechte Bezahlung angesagt.

____

____

____

8. Es bleibt zu hoffen, dass diese Arbeit eine ihrem Stellenwert angemessene Würdigung auch und gerade in finanzieller Hinsicht erfährt.

9. Wer eine Ausbildung anstrebt, sollte sich gründlich über deren Ablauf und Inhalte sowie über die Rechte und Pflichten Auszubildender informieren.

10. Auszubildende dürfen nach dem Arbeitsschutzgesetz nicht mit Akkordarbeiten oder mit Fließbandarbeiten mit vorgeschriebenem Arbeitstempo beschäftigt werden.

Neunte Übung

Hier können Sie den Rotstift ansetzen. Denn in den folgenden Sätzen haben sich Fehler und stilistische Schwächen eingeschlichen. Bitte vermerken Sie, was nicht stimmt, und machen Sie es besser.

1. Anton hat zurzeit so viel mit seinen Prüfungen zu tun, dass er den Vortrag nicht haben wird vorbereiten können.

2. Anna, die schon mit zehn Jahren so gut war beim Carcassonne-Spielen, dass der Rest der Familie keine Chance hatte zu gewinnen, studiert heute Mathematik.

3. Viele Schülerinnen und Schüler sind sich nicht sicher, ob sie den Anforderungen eines mathematischen oder ingenieurwissenschaftlichen Studiengangs beziehungsweise einer entsprechenden Ausbildung gerecht werden.

4. Insbesondere Schülerinnen schrecken vor diesen Fächern und Berufen zurück, weil sie gelten immer noch und trotz aller Aufklärung als Männerdomäne.

5. Mathematik ist im Alltag allgegenwärtig, sodass man sich trotz aller Abneigung, die man gegen das Schulfach haben mag, ein *Nein, danke* schlicht nicht leisten kann.

____

____

____

Achte Lektion
Satzbau: Nebensätze unterscheiden

Diese Lektion handelt von der Vielfalt der Nebensätze. Sie werden unterschieden nach ihrem Abstand zum Hauptsatz sowie nach Form, Funktion und Inhalt. Besonders herausgestellt werden Adverbialsätze und Relativsätze – Adverbialsätze wegen der sehr feinen inhaltlichen Differenzierung, Relativsätze wegen ihrer stark variierenden Bedeutung für den Trägersatz. Zum Schluss wird noch der satzwertige Infinitiv erklärt, der wie ein Nebensatz verwendet wird, aber doch zwei unterscheidende Besonderheiten aufweist.

Nutzwert

Diese Lektion ist die höhere Schule des Satzbaus. Sie lernen, präzise zu denken und Zusammenhänge zu hinterfragen. Wenn Sie das können, ist ein Nebensatz nicht länger ein Behältnis für Information, die noch irgendwie unterzubringen ist, sondern ein Setzpunkt, den Sie genau an dieser Stelle in dieser Form und mit dieser Aussage haben wollen. Mit solcher Präzision können Sie zum Beispiel Ihre wissenschaftlichen Arbeiten erheblich verbessern.

Beim Unterrichten können Sie die Erkenntnisse aus dieser Lektion nutzen, um Sätze sachlich und fundiert zu bewerten. Statt vage auf Stil oder Zusammenhang zu verweisen, können Sie genau erklären, wie ein Satz dasteht. Sie zeigen, wie man Verhältnisse durchdenkt und dann genau das sagt, was man sagen will. Wenn davon der eine oder die andere etwas mitnimmt, ist schon viel gewonnen.

Grad

Der Grad eines Nebensatzes bezeichnet seine Nähe zum Hauptsatz. Ein Nebensatz, der unmittelbar vom Hauptsatz [HS] abhängt, ist ein Nebensatz 1. Grades [NS1]. Ein Nebensatz, der vom Nebensatz 1. Grades abhängt, ist ein Nebensatz 2. Grades [NS2]. Diese Folge könnte noch weiter fortgeschrieben werden. Und so sieht sie im Beispiel aus:

> Lotte verdient sich etwas dazu [HS], indem sie für die Lokalzeitung über Veranstaltungen berichtet [NS1], die am Wochenende vor Ort stattfinden [NS2].

Wenn Sie zu viele Nebensätze aufeinander folgen lassen, bekommen Sie, salopp gesagt, einen Bandwurmsatz. Und wenn Sie die Nebensätze noch dazu ineinander verschränken, bekommen Sie einen Schachtelsatz. Sowohl Bandwurmsätze als auch Schachtelsätze sollten Sie vermeiden. Denn sie bergen erstens ein hohes Fehlerrisiko beim Schreiben und sind zweitens eine Zumutung beim Lesen. Achten Sie also darauf, dass Satzgefüge überschaubar bleiben.

Je höher der Grad eines Nebensatzes, desto weiter ist seine Entfernung zum Hauptsatz.

Form

Die Form, die man als Erstes mit dem Nebensatz in Verbindung bringt, ist die Verbletztstellung. Sie trifft auf Relativsätze zu, auf Fragenebensätze und auf konjunktionale Nebensätze; sie ist in der Tat die häufigste Form. Dazu Beispiele in der genannten Reihenfolge:

(1) Leo, *der schon immer gerne im Freien gearbeitet hat*, möchte Forstwirt werden.
(2) Leo fragt, *was Forstwirte verdienen*.
(3) Leo hofft, *dass er einen Ausbildungsplatz bekommt*.

Außer der Verbletztstellung geben auch die einleitenden Wörter (grau hinterlegt) die Nebensätze zu erkennen.

Einleitende Elemente wie in den Sätzen oben sind nicht in allen Nebensätzen vorhanden. Denn neben eingeleiteten Nebensätzen gibt es auch uneingeleitete Nebensätze. Diese weisen zudem eine andere Verbstellung auf. Die folgenden Beispiele zeigen, wie solche Sätze aussehen:

(1) Lotte schreibt, *die Veranstaltung sei gut besucht gewesen*.
(2) *Wären noch mehr Leute gekommen*, hätte der Raum nicht gereicht.

Im ersten Beispiel enthält der Nebensatz die indirekte Rede. Er hat die gleiche Verbstellung wie ein Hauptsatz, ist aber dennoch ein untergeordneter Satz. Formal handelt es sich um einen uneingeleiteten Nebensatz mit Verbzweitstellung. Im zweiten Beispiel gibt der Nebensatz eine Bedingung an. Es handelt sich um einen uneingeleiteten Nebensatz mit Verberststellung.

Die meisten Nebensätze haben ein einleitendes Element und Verbletztstellung. Das ist die typische Form des Nebensatzes. Daneben gibt es auch andere Formen, die aber bei Weitem nicht so häufig vorkommen.

Funktion

Nebensätze können im Satzgefüge unterschiedliche Funktionen erfüllen. Sie können ein Satzglied bilden, dann sind sie Gliedsätze. Sie können aber auch ein Attribut bilden, dann sind sie Gliedteilsätze. Am besten sehen Sie sich das anhand von Beispielen an:

(1) Subjektsatz: *Dass Mia ans Aufgeben denkt*, wundert mich nicht.
(2) Objektsatz: Ich befürchte, *dass Mia ans Aufgeben denkt.*
(3) Prädikativsatz: Tatsache ist, *dass Mia ans Aufgeben denkt.*
(4) Adverbialsatz: Mias Chef verlangt so viel, *dass Mia ans Aufgeben denkt.*
(5) Attributsatz: Die Befürchtung, *dass Mia ans Aufgeben denkt*, ist begründet.

Der Nebensatz selbst – *dass Mia ans Aufgeben denkt* – ist immer gleich. Er gibt seinen Stellenwert nicht zu erkennen. Um den zu ermitteln, muss man beim übergeordneten Satz ansetzen. Subjektsatz (1), Objektsatz (2) und Prädikativsatz (3) lassen sich direkt von dessen Prädikat aus erfragen:

(1) Wer oder was wundert mich nicht?
(2) Wen oder was befürchte ich?
(3) Was ist Tatsache?

Der Adverbialsatz (4) ergibt sich nicht aus dem Prädikat; er liefert die Umstände zum Hauptsatz-Geschehen, nämlich die Folge. Der Attributsatz (5) ist an seiner Bindung an ein Bezugswort (*Befürchtung*) zu erkennen. Er kann nur mit diesem zusammen erfragt werden: *Wer oder was ist begründet? → die Befürchtung, dass Mia ans Aufgeben denkt.* Würde man die Frage *nur* mit dem dass-Satz beantworten, dann wäre der Sinn entstellt.

Analysen wie oben können dabei helfen, mit einem Missverständnis aufzuräumen: dass Nebensätze nebensächlich seien, also unwichtig und weglassbar. Das sind sie vielleicht manchmal, aber lange nicht immer. In den Beispielen (1), (2) und (3) etwa wird erst durch sie der Satz vollständig.

Nebensätze können Subjekt sein, Objekt, Prädikativ, Adverbial oder Attribut. Oft sind sie grammatisch notwendig, um den Satz zu vervollständigen.

Bedeutung

Von ihrer Bedeutung her lassen sich Nebensätze in drei Gruppen einteilen: Inhaltssätze, Verhältnissätze und Relativsätze.

Inhaltssätze sind all die Nebensätze, die Subjekt-, Objekt- oder Prädikativstatus haben. Sie werden vom Prädikat des übergeordneten Satzes als Ergänzung verlangt. Zum Einprägen: Inhaltssätze ergänzen den Inhalt des übergeordneten Satzes. Und so sehen sie aus:

(1) Mia behauptet, dass Max ihr einen Job besorgen kann.
(2) Mia sagt, Max könne ihr einen Job besorgen.
(3) Mia fragt, ob Max ihr einen Job besorgen kann.

In die Gruppe der Inhaltssätze gehören die meisten dass-Sätze (1), untergeordnete Sätze in indirekter Rede (2) und Fragenebensätze (3).

Verhältnissätze sind all die Nebensätze, die im Satz das Adverbial bilden und als solches die Verhältnisse näher bestimmen. Wegen ihrer großen inhaltlichen Bandbreite werden sie weiter unten gesondert besprochen.

Relativsätze sind all die Nebensätze, die durch ein rückbezügliches Wort an ein Element im übergeordneten Satz gebunden sind. Auch sie werden unten genauer betrachtet.

Die meisten dass-Sätze sind Inhaltssätze. Sie vervollständigen den Inhalt des übergeordneten Satzes.

Zwischenstopp: Terminologie

Mittlerweile sind so viele Fachausdrücke gefallen, dass es an der Zeit ist zu rekapitulieren. Am besten geschieht das anhand von Mustersätzen.

(1) Nina erzählt [HS], *dass sie zehn Bewerbungen geschrieben hat* [NS].

- Der Nebensatz hat ein Einleitewort, also handelt es sich um einen **eingeleiteten Nebensatz**.
- Das finite Verb steht an der letzten Stelle, also handelt es sich um einen **Verbletztsatz**.
- Das Einleitewort ist eine Konjunktion, also handelt es sich um einen **Konjunktionalsatz**.
- Der Nebensatz hat die Funktion eines Objekts (*wen oder was erzählt Nina?*), also handelt es sich um einen **Objektsatz**.
- Ein Objektsatz ist ein **Inhaltssatz**.
- Ein Objekt ist ein Satzglied, also handelt es sich um einen **Gliedsatz**.

(2) *Hätte Nick mehr gelernt* [NS], wäre seine Note besser ausgefallen [HS].

- Der Nebensatz hat kein Einleitewort, also handelt es sich um einen **uneingeleiteten Nebensatz**.
- Das finite Verb steht an der ersten Stelle, also handelt es sich um einen **Verberstsatz**.
- Der Nebensatz hat die Funktion eines Adverbials, also handelt es sich um einen **Adverbialsatz**.
- Ein Adverbialsatz ist ein **Verhältnissatz**.
- Ein Adverbial ist ein Satzglied, also handelt es sich um einen **Gliedsatz**.

Es gibt viele Möglichkeiten, einen Nebensatz zu beschreiben. Sie ergänzen einander.

Adverbialsätze

Adverbialsätze sind Nebensätze in der Funktion eines Adverbials. Zur Erinnerung: Adverbiale machen Angaben zu Ort, Zeit, Grund oder Art und Weise. Sie können aus einem Wort bestehen, aus einer

Wortgruppe oder eben aus einem Nebensatz. Oft sind Wortgruppen und Nebensätze gegeneinander austauschbar. Dabei können Nebensätze den Vorteil haben, dass sie sich angenehmer lesen. Vergleichen Sie selbst:

(1) *Trotz Teilnahme an einem Bewerbungsseminar* tut Nina sich schwer mit ihren Bewerbungen.
(2) *Obwohl Nina an einem Bewerbungsseminar teilgenommen hat*, tut sie sich schwer mit ihren Bewerbungen.

Beide Versionen nennen einen Sachverhalt, der gegen die Schwierigkeiten beim Bewerben spricht. In der ersten Version steckt dieser Sachverhalt in einem nominalen Ausdruck; es bleibt bei *einer* Handlung: *Nina tut sich schwer*. In der zweiten Version dagegen stellt der Sachverhalt eine eigene Handlung dar: *Nina hat teilgenommen*. Man liest also zwei getrennte Handlungen, eine nach der anderen: *Nina hat teilgenommen, Nina tut sich schwer*. Das ist ein Modus, dem man sehr leicht folgen kann.

Adverbialsätze werden mit einer Nebensatzkonjunktion eingeleitet, die angibt, welcher Art das Verhältnis zum übergeordneten Satz ist. Hier sind die wichtigsten Verhältnisse samt Bezeichnung der entsprechenden Nebensätze:

	Verhältnis	**Bezeichnung**	**Beispiel**
1	Zeit	Temporalsatz	Nick übt Latein, *sooft es geht*.
2	Grund	Kausalsatz	Nick übt Latein, *da er seine Note verbessern will*.
3	Bedingung	Konditionalsatz	Nick lernt am besten, *wenn er seine Ruhe hat*.
4	Zweck	Finalsatz	Nick zieht sich zurück, *damit er seine Ruhe hat*.
5	Folge	Konsekutivsatz	Nicks Wissen ist so lückenhaft, *dass er noch einmal von vorn anfangen muss*.
6	Art und Weise	Modalsatz	Nick holt den Stoff nach, *indem er das Übungsbuch durcharbeitet*.
7	Gegensatz	Adversativsatz	Nick übt Latein, *statt dass er Ferien macht*.
8	Einräumung	Konzessivsatz	Nick übt Latein, *obwohl er gerne Ferien machen würde*.

9	Vergleich	Komparativsatz	Nick arbeitet mehr, *als ich ihm zugetraut hätte.*
10	Einschränkung	Restriktivsatz	*Soviel ich weiß*, arbeitet Nick den ganzen Tag.

Adverbialsätze können den Zusammenhang zwischen Sachverhalten sehr genau ausdrücken.

Relativsätze

Relativsätze sind in den meisten Fällen Attributsätze. Das heißt: Sie sind einem Bezugswort beigefügt. Die Anbindung erfolgt über das Relativpronomen. Dieses ist ein sehr flexibles Bindeglied: In Geschlecht und Zahl ist es an sein Bezugswort angepasst; im Fall richtet es sich nach seiner Funktion im Relativsatz. Dazu Beispiele:

(1) Kurs Nr. 123, *der dem beruflichen Wiedereinstieg dient*, wird bezuschusst.

(2) Alle Kurse, *die dem beruflichen Wiedereinstieg dienen*, werden bezuschusst.

Die Beispiele zeigen neben der Anpassungsfähigkeit der Relativpronomen (grau hinterlegt) gleich noch etwas anderes: den unterschiedlichen inhaltlichen Stellenwert der Sätze. Im ersten Beispiel ist der Relativsatz bloßes Beiwerk. Er liefert zusätzliche Information zu seinem Bezugselement, aber er verändert es nicht. Das ist ein so genannter *nicht restriktiver Relativsatz*. Im zweiten Beispiel dagegen schränkt der Relativsatz die Definitionsmenge ein: Der Hauptsatz handelt nicht von grundsätzlich *allen Kursen*, sondern nur von all denjenigen, auf die das im Relativsatz Genannte zutrifft. Deshalb spricht man hier von einem *restriktiven Relativsatz*.

Nicht restriktive Relativsätze, die vom gegebenen Thema wegführen und ein neues Thema aufmachen, nennt man *weiterführende Relativsätze*. Diese können ohne Weiteres vom übergeordneten Satz losgelöst und in einen selbstständigen Satz gestellt werden. Dort sind sie oft besser aufgehoben. Bitte vergleichen Sie:

(3a) Oskar besucht einen EDV-Kurs an der Volkshochschule, *die in diesem Semester auch ihr Sprachprogramm ausgebaut hat.*

(3b) Oskar besucht einen EDV-Kurs an der Volkshochschule. *Die hat in diesem Semester auch ihr Sprachprogramm ausgebaut.*

Weiterführende Relativsätze so wie in (3a) wirken zuweilen wie angeklebt. Dann sind getrennte Sätze so wie in (3b) zu bevorzugen.

Neben der Standardausführung des Relativsatzes (mit Anbindung an ein zuvor genanntes Bezugswort) gibt es auch Sonderformen. So kann der Relativsatz sich etwa auf einen ganzen Satz beziehen. Eingeleitet wird er in diesen Fällen mit dem Relativpronomen *was* oder mit einem Relativadverb wie *weswegen*, *wobei*, *worüber*.

(4a) Oskar besucht einen EDV-Kurs an der Volkshochschule, *was ihm hoffentlich bei der Jobsuche zugutekommen wird.*
(4b) Oskar besucht einen EDV-Kurs an der Volkshochschule, *weswegen er dienstags abends nicht mehr Skat spielen kann.*

Eine weitere Sonderform ist die, bei der auf Anhieb gar kein Bezugselement zu erkennen ist. Die sieht zum Beispiel so aus:

(5a) *Wer sich bildet*, verbessert seine Chancen.
(5b) *Was man nicht kann*, kann man lernen.

Das *wer* in (5a) steht für *derjenige, der*. Das *was* in (5b) steht für *das, was*. Insofern kann man sich das Bezugselement hinzudenken.

Relativsätze können ein vorausgehendes Bezugselement näher beschreiben oder sogar in seinem Umfang definieren.

Satzwertiger Infinitiv

Der satzwertige Infinitiv ist eine Wortgruppe, die aus Infinitiv mit *zu* plus Erweiterung besteht und in ihrer Funktion einem Satz entspricht. Sie kann in einen Nebensatz umgeformt werden. Deshalb heißt der satzwertige Infinitiv auch *Infinitivsatz*. Hier sind Beispiele samt Umformung:

satzwertiger Infinitiv	**entsprechender Nebensatz**
(1a) Petra hofft, *eine gute Stelle zu finden.*	(1b) Petra hofft, *dass sie eine gute Stelle findet.*
(2a) Petra bittet Paul, *ihr bei den Bewerbungen zu helfen.*	(2b) Petra bittet Paul darum, *dass er ihr bei den Bewerbungen hilft.*

Der satzwertige Infinitiv hat also den Wert eines Nebensatzes. Was er allerdings auch hat, sind zwei wesentliche Merkmale, die ihn von einem regulären Nebensatz unterscheiden. Erstens enthält er kein finites Verb, sondern nur infinite Verbformen; zweitens hat er kein eigenes Subjekt. Das kann er gar nicht haben, da ja keine Personalform zur Anbindung vorhanden ist. Um trotzdem die vom Verb verlangte Subjektstelle zu besetzen, greift der satzwertige Infinitiv auf ein Element im übergeordneten Satz zu: entweder auf das Subjekt [*Petra* in Beispiel (1a)] oder auf das Objekt [*Paul* in Beispiel (2a)]. Das wird dann als sein Subjekt verstanden.

Satzwertige Infinitive werden oft mit einer Infinitivkonjunktion eingeleitet, etwa mit *anstatt*, *ohne* oder *um*.

> Paul hilft Petra, *anstatt ins Kino zu gehen.*
> Paul hilft Petra, *ohne auf die Uhr zu sehen.*
> Paul tut alles, *um Petra zu helfen.*

Sobald eine Infinitivkonjunktion vorhanden ist, *muss* ein Komma stehen. Mehr zur Kommasetzung beim satzwertigen Infinitiv finden Sie unter „Kommaregeln“ in der neunten Lektion.

Der satzwertige Infinitiv wird verwendet wie ein Nebensatz.

Fragen

1. Worin genau besteht das Fehlerrisiko bei Schachtelsätzen?

2. Kann man Nebensätze daran erkennen, dass sie nur Nebensächliches enthalten?

3. Was ist der Unterschied zwischen den folgenden dass-Sätzen?
   (1) Nick sagt, *dass er morgen lernen muss.*
   (2) Nick hat so getrödelt, *dass er morgen lernen muss.*

4. Das Wort *restriktiv* bedeutet *einschränkend*. Wie lassen sich von diesem Wort her restriktive Relativsätze erklären?

5. Der satzwertige Infinitiv ist fast ein Nebensatz, aber nicht ganz. Was fehlt ihm?

Übungen

Erste Übung

In dieser Übung geht es um die Abhängigkeit von Teilsätzen. Bitte geben Sie für die folgenden komplexen Sätze an, was der Hauptsatz ist [hier: grau hinterlegt] und welchen Grad die Nebensätze haben [hier: NS1 – einfach unterstrichen; NS2 – doppelt unterstrichen]. Zweck der Übung ist es, dass Sie Satzebenen erkennen. Die brauchen Sie, um Sätze überschaubar zu halten und um die Kommaregeln anzuwenden.

1. Lotte jobbt bei der Lokalzeitung [HS], weil sie prüfen möchte [NS1], ob sie für den Beruf der Journalistin geeignet ist [NS2].
2. Lotte weiß, wie man Fragen stellt und wie man die Antworten zu Papier bringt.
3. Vor allem legt Lotte Wert darauf, dass sie jedes Thema, selbst wenn es noch so trivial scheint, aus unterschiedlichen Blickwinkeln betrachtet.
4. Dass Lotte schreiben kann und dass sie vielseitig interessiert ist, wusste ich.
5. Dass Lotte so schreibt, dass man sie versteht, ist mir auch schon aufgefallen.
6. Bei der Veranstaltung, über die Lotte zu berichten hatte, handelte es sich um die Mitgliederversammlung des Tierschutzvereins.
7. Der Tierschutzverein, der sich um viele Tiere kümmert, für die eigentlich die Kommune zuständig wäre, braucht dringend finanzielle Unterstützung.
8. In ihrem Beitrag erklärt Lotte, warum das Geld, das über Mitgliedsbeiträge und Spenden reinkommt, vorne und hinten nicht reicht.

9. Damit die Zahl der streunenden Katzen nicht noch rasanter zunimmt, sollten Katzenhalter Tiere, die Freigang haben, früh genug kastrieren lassen.
10. Damit die Zahl der streunenden Katzen, die oft in elendem Zustand sind, nicht noch rasanter zunimmt, sollten Katzenhalter Tiere mit Freigang früh genug kastrieren lassen.

Zweite Übung

Hier geht es um die Funktion von Nebensätzen. Bitte geben Sie für die folgenden Nebensätze an, ob sie Subjekt, Objekt, Adverbial oder Attribut sind. Beispiel: *Leo fragt, wie lange die Ausbildung zum Forstwirt dauert.* → *Wen oder was fragt Leo?* → *wie lange die Ausbildung zum Forstwirt dauert* → *Fragenebensatz als Objektsatz.* Durch die Übung lernen Sie, Sätze in ihrer Leistung zu erkennen und zu erklären.

1. Leo weiß genau, *dass er in einem Bürojob nicht glücklich würde.* [Objektsatz]
2. Schon die bloße Vorstellung, *dass er den ganzen Tag am Schreibtisch sitzen müsste*, ist ihm ein Grauen. [__________]
3. *Dass er am liebsten draußen in der Natur ist*, hat ihn schon als Kind ausgezeichnet. [__________]
4. *Dass er so gerne in der Natur ist*, hat er seinem Großvater zu verdanken. [__________]
5. Der hat Leo in den Wald mitgenommen, *als dieser noch keine vier Jahre alt war.* [__________]
6. Er hat ihm beigebracht, *wie man die Tiere des Waldes beobachtet.* [__________]
7. *Obwohl diese Ausflüge schon Jahre zurückliegen*, hat Leo sie nie vergessen. [__________]
8. Der Beruf des Forstwirts, *den Leo jetzt anstrebt*, umfasst vielfältige Tätigkeiten. [__________]

9. Forstwirte haben praktische Aufgaben, *bei denen sie feste zupacken müssen*. [______________]
10. *Dass sie den Wald auf Schädlingsbefall und Wildverbiss kontrollieren*, gehört ebenfalls zu ihren Aufgaben. [______________]

Dritte Übung

Thema dieser Übung sind Adverbialsätze. Sie liefern die näheren Umstände eines Geschehens. Bitte geben Sie an, um was für Umstände es sich jeweils handelt. Beispiel: *Soweit ich weiß, denkt Mia über einen Ausbildungsabbruch nach. → Einschränkung → Restriktivsatz.* Hier ist ein Spickzettel, den Sie zu Hilfe nehmen können:

	Umstände	**Konjunktionen**	**Nebensatz**
1	Zeit	als, solange, sooft	Temporalsatz
2	Grund	da, weil	Kausalsatz
3	Bedingung	falls, wenn	Konditionalsatz
4	Zweck	damit	Finalsatz
5	Folge	dass, sodass	Konsekutivsatz
6	Art und Weise	indem, ohne dass	Modalsatz
7	Gegensatz	statt dass, wohingegen	Adversativsatz
8	Einräumung	obwohl	Konzessivsatz
9	Vergleich	als	Komparativsatz
10	Einschränkung	soviel, soweit	Restriktivsatz

1. *Als Mia in der neunten Klasse war*, hatte sie noch keine konkreten Berufsvorstellungen. [Zeit: Temporalsatz]
2. Auf jeden Fall wollte sie eine Ausbildung machen, *wohingegen ihre Freundinnen mehr zu Abitur und Studium neigten.* [____________________]
3. Ihr Praktikum in einer Arztpraxis jedoch sagte ihr so wenig zu, *dass eine Ausbildung zur medizinischen Fachangestellten nicht mehr in Frage kam*. [____________________]

4. *Da sie schon immer gerne für andere kochte*, kam sie auf die Idee, Köchin zu werden. [____________]
5. An dieser Idee hielt sie fest, *obwohl ihre Eltern ihr davon abrieten*. [____________]
6. Sie schrieb ihre Bewerbungen, *ohne dass sie ihre Eltern um Hilfe gebeten hätte*. [____________]
7. Umso mehr freute sie sich, *als sie gleich auf ihre dritte Bewerbung hin eine Zusage bekam*. [____________]
8. Jetzt allerdings ist die Lage sogar noch schlimmer, *als ihre Eltern das vorausgesagt hatten*. [____________]
9. Mia muss die Zähne zusammenbeißen, *damit sie durchhält*. [____]
10. Alles wäre halb so schlimm, *wenn der Chef nicht so ein Tyrann wäre*. [____________]

Vierte Übung

Hier geht es um stilistische Fragen zum Adverbial. In den vorgegebenen Sätzen sind die Adverbiale als nominale Wortgruppen formuliert. Die Aufgabe besteht darin, diese in Sätze umzuwandeln. Mit der Umwandlung erreichen Sie einen stärker von Verben geprägten Stil. Beispiel: *Nach Abbruch seiner Ausbildung war Max zunächst arbeitslos.* → *Nachdem Max seine Ausbildung abgebrochen hatte, war er zunächst arbeitslos.*

1. *Seit der Kommandoübernahme durch den Freund seiner Mutter* kann Max es kaum noch zu Hause aushalten.

____

____

2. *Trotz der Unterstützung durch seine Oma* kann er sich eine eigene Wohnung nicht leisten.

____

____

3. *Zur Finanzierung einer eigenen Wohnung* braucht er dringend Arbeit.

____

____

4. *Ohne Nachweis einer abgeschlossenen Ausbildung* ist es schwer, Arbeit zu finden.

____

____

5. *Aufgrund ständiger Überforderung in seinem ersten Ausbildungsbetrieb* schreckt Max vor einem weiteren Anlauf zurück.

____

____

Fünfte Übung

Es geht um Relativsätze. Bitte geben Sie an, ob sie restriktiv sind, nicht restriktiv oder weiterführend. Zur Erinnerung: Nur restriktive Relativsätze sind notwendig; die anderen sind Beiwerk. Mit dieser Übung lernen Sie, Sätze in die Waagschale zu legen und über Abhängigkeit bzw. Selbstständigkeit zu entscheiden. Diese Entscheidung hilft, schneller zum Punkt zu kommen und Sätze in einem überschaubaren Rahmen zu halten.

1. Oskar, *der nach langer Auszeit wieder in den Beruf einsteigen möchte*, muss seine Kenntnisse auffrischen. [nicht restriktiv]
2. Alle, *die nach langer Auszeit wieder in den Beruf einsteigen möchten*, müssen ihre Kenntnisse auffrischen. [____________]
3. Der Kompaktlehrgang Buchführung, *der von der Beschreibung her einen sehr guten Eindruck macht*, könnte für Oskar genau das Richtige sein. [____________]

4. Oskar hat früher als Bürokaufmann gearbeitet, *weswegen ihm die Materie nicht ganz fremd ist*. [____________]
5. Die Erwartungen, *die Arbeitnehmende an eine Weiterbildung haben*, fallen recht unterschiedlich aus. [____________]
6. Personen, *die über längere Zeit jemanden gepflegt haben*, finden per Weiterbildung leichter den beruflichen Anschluss. [____________]
7. Frau Aling, *bei deren Beratungsgespräch du dabei warst*, hat durch ihre Weiterbildung besser bezahlte Arbeit gefunden. [____________]
8. Auch für Frau Beling hat sich der Einsatz gelohnt, *was mich wiederum ganz besonders freut*, da sie zwischendrin das Handtuch werfen wollte. [____________]
9. Herr Celing ist auf der Suche nach einem Studienangebot, *das er neben seiner Vollzeitstelle wahrnehmen kann*. [____________]
10. Er möchte in spätestens vier Jahren fertig werden, *wobei er ein Semester allein für die Bachelorarbeit einkalkuliert*. [____________]

Sechste Übung

Hier sprudelt eine nie versiegende Fehlerquelle: die Unterscheidung von *das* und *dass*. Bitte schließen Sie die Lücken mit dem jeweils richtigen Wort und geben Sie an, ob es sich bei dem betreffenden Nebensatz um einen dass-Satz handelt, um einen Relativsatz, der mit dem Relativpronomen *das* eingeleitet wird, oder um einen uneingeleiteten Nebensatz, der mit dem Artikel oder Pronomen *das* beginnt. Beispiel: *Die Teilnehmerin sagt, das habe sie nicht gewusst*. [*Demonstrativpronomen* das *im uneingeleiteten Nebensatz*] Wenn Sie bei dieser Übung Unsicherheiten feststellen, blättern Sie zurück zu „*das* und *dass*" in der zweiten Lektion.

1. Das Angebot, ___das___ *wir im letzten Semester eingeführt haben*, hat sich bewährt. [Relativsatz]

2. Das Angebot, _____ *Interessierte kostenlos an einer Schnupperstunde teilnehmen können*, wird kräftig genutzt. [____________]
3. Das Ergebnis, _____ *so nicht vorauszusehen war*, zwingt uns zum Umdenken. [____________]
4. Frau Aling sagte, _____ *Ergebnis habe man so nicht voraussehen können*. [____________]
5. Frau Aling sagte, _____ *man das Ergebnis so nicht habe voraussehen können*. [____________]
6. Das Ziel, _____ *kein Kind zurückgelassen wird*, ist mit diesem Personalschlüssel nicht zu erreichen. [____________]
7. Wir sollten ein Ziel vereinbaren, _____ *im Bereich des Machbaren liegt*. [____________]
8. Herr Beling legt großen Wert darauf, _____ *alle Beteiligten das Ziel unterschreiben*. [____________]
9. Herr Beling sagt, _____ *Ziel sei nur in einer großen Gemeinschaftsanstrengung zu erreichen*. [____________]
10. Ich hoffe, _____ *das Ziel nicht nur erreicht, sondern sogar übertroffen wird*. [____________]

Siebte Übung

Thema ist der satzwertige Infinitiv, genauer gesagt sein aus dem übergeordneten Satz herangezogenes Subjekt. Bitte geben Sie jeweils an, welches Element des übergeordneten Satzes als Subjekt des satzwertigen Infinitivs verstanden wird. Beispiel: *Herr Celing rät der Frau, einen Anfängerkurs zu besuchen*. [<u>die Frau</u>]

1. Herr Celing ist stets bemüht, *auf die individuellen Bedürfnisse der Interessierten einzugehen*. [____________]
2. Oft empfiehlt er den Interessierten, *sich ein paar Tage Bedenkzeit zu nehmen*. [____________]

3. Die Interessierten sollen nicht das Gefühl haben, *etwas aufgeschwätzt zu bekommen*. [____________]
4. Es liegt im Interesse der Einrichtung, *zufriedene Kundinnen und Kunden zu haben*. [____________]
5. Die Lehrkräfte ermuntern die Teilnehmenden, *sich offen und kritisch zu den Kursen zu äußern*. [____________]

Achte Übung

Thema ist noch einmal der satzwertige Infinitiv, genauer gesagt dessen Gleichwertigkeit mit Nebensätzen. Die führt dazu, dass die Infinitivgruppe durch einen Nebensatz ersetzt werden kann. Bitte nehmen Sie die entsprechende Umwandlung vor. Beispiel: *Die Frau nahm das Angebot an, ohne auch nur eine Minute zu zögern*. [*Die Frau nahm das Angebot an, ohne dass sie auch nur eine Minute zögerte.*]

1. Die Fachbereichsleitung hat zugesagt, *im kommenden Semester zusätzliche Lehraufträge zu vergeben*.

____

____

2. *Um die Stundenpläne zu entzerren*, wird sie die bisher unterbesetzten Tage besser nutzen.

____

____

3. *Statt von einer Veranstaltung zur nächsten zu hetzen*, können die Studierenden dann Vor- und Nachbereitungszeiten einlegen.

____

____

4. Im besten Falle wird die Maßnahme auch dazu beitragen, *das gemeinschaftliche Lernen zu fördern.*

5. Allerdings wird sich auch die eine oder der andere daran gewöhnen müssen, *ohne einen freien Freitag auszukommen.*

Neunte Übung

Hier üben Sie, über Nebensätze zu sprechen. Siehe dazu „Zwischenstopp: Terminologie" auf Seite 169. Bitte beschreiben Sie die folgenden Nebensätze so ausführlich wie möglich.

Beispielsatz: *Da es eine lange Warteliste gibt, werden wir einen zusätzlichen Kurs einrichten.*
Beschreibung:
Der Nebensatz ist eingeleitet. → eingeleiteter Nebensatz
Das Einleitewort ist eine Konjunktion. → Konjunktionalsatz
Das finite Verb steht an der letzten Stelle. → Verbletztsatz
Der Nebensatz hat die Funktion eines Adverbials. → Adverbialsatz
Ein Adverbial ist ein Satzglied. → Gliedsatz
Ein Adverbialsatz ist ein Verhältnissatz.

1. *Stehen mehr als zehn Personen auf der Warteliste*, muss ein zweiter Kurs eingerichtet werden.

2. Einige der Personen, *die auf der Warteliste stehen*, haben sich bereits beschwert.

____

____

____

____

3. Wir haben ihnen zugesagt, *dass es einen Parallelkurs geben wird*.

____

____

____

____

Neunte Lektion
Zeichensetzung: Den Satzbau verdeutlichen

Diese Lektion vermittelt als Erstes und Wichtigstes die Kommaregeln. Diese werden unter sieben Merkpunkten zusammengefasst und erklärt. Danach geht es um die Zeichensetzung in der wörtlichen Rede. Daran sind mindestens Doppelpunkt, Anführungszeichen und Punkt beteiligt, oft auch das Komma und manchmal noch andere Satzzeichen.

Nutzwert

Die Zeichensetzung ist dazu da, Texte optisch zu gliedern. Damit macht sie das Lesen leichter. Umgekehrt gilt: Wo die Zeichensetzung falsch ist oder fehlt, ist das Lesen schwieriger. Sie ist sozusagen ein Service für die Lesenden. Den können Sie mit dieser Lektion verbessern.

Das Satzzeichen, das die meisten Schwierigkeiten bereitet, ist das Komma. Es werden Ihnen Kommafehler zuhauf begegnen. Der Grund ist: Kommastellen ergeben sich weder aus dem Inhalt noch aus dem Gefühl, sondern aus der Grammatik. Sie sind im Satzbau angelegt. Wer den Satzbau nicht durchschaut, kann auch die Kommasetzung nicht beherrschen. Das heißt für Sie als Lehrende oder Erklärende: Wenn Sie sich schon die Mühe geben, das Geschick im Satzbau zu stärken (siehe sechste, siebte und achte Lektion), dann machen Sie auch vor dem Komma nicht Halt. Denn Satzbau und Komma gehören zusammen. Hier können Sie – nach der Vorarbeit der Satzbau-Lektionen – die Zusammengehörigkeit verstehen.

Kommaregeln

Kommas kommen zwar häufig vor, aber immer wieder bei den gleichen Gelegenheiten. Und das sind nur wenige an der Zahl. Dadurch ist die Kommasetzung dann doch überschaubar. Die wichtigsten Kommastellen sind: der Wechsel der Satzebene, der satzwertige Infinitiv, die Apposition (der Beisatz), Aufzählungen, Gegensätze sowie herausgestellte Elemente. Diese sechs Kommastellen werden im Einzelnen besprochen. Danach wird noch einmal extra erklärt, wie es sich mit dem Komma und dem *und* verhält.

1. Komma beim Wechsel der Satzebene

Unterschiedliche Satzebenen ergeben sich aus der Abhängigkeit von Teilsätzen. Zur Erinnerung: In Satzgefügen herrscht das Prinzip der Unterordnung. Es gibt einen Hauptsatz und mindestens einen untergeordneten Satz, oft auch noch weitere Unterordnungen. (Mehr dazu finden Sie unter „Grad“ in der achten Lektion.) Jede Unterordnung schafft eine neue Ebene, und jeder Wechsel von einer Ebene zur anderen wird durch ein Komma markiert. Dazu Beispiele:

(1) Anna sagt [HS], dass sie sich auf den Eignungstest vorbereitet [NS1], indem sie die Übungen macht [NS2], die du ihr empfohlen hast [NS3].
(2) Der Sporttest [HS, Teil 1], der die physischen Grundfähigkeiten feststellen soll [NS1], die im Polizeialltag unerlässlich sind [NS2], umfasst vier bis fünf Disziplinen [HS, Teil 2].

Im ersten Beispiel folgen drei Nebensätze nacheinander; im zweiten Beispiel sind zwei Nebensätze in den Hauptsatz verschränkt. Für die Kommasetzung macht es keinen Unterschied, ob es ausschließlich nach unten geht (wie im ersten Beispiel) oder irgendwann auch wieder nach oben (wie im zweiten Beispiel). Entscheidend ist allein, *dass* die Ebene gewechselt wird.

Je öfter in einem komplexen Satz die Ebene gewechselt wird, desto mehr Kommas werden fällig. Das heißt ins Praktische übersetzt: Je unübersichtlicher der Satzbau, desto anfälliger ist ein Text für Kommafehler. Wenn Sie also Texte vor sich haben, in denen die Kommasetzung drunter und drüber geht, sollten Sie als Erstes prüfen, ob nicht eher beim Satzbau nachzuhaken ist als bei den Kommaregeln.

Das Komma trennt Sätze, die auf verschiedenen Ebenen liegen, so etwa den Hauptsatz und den Nebensatz oder Nebensätze unterschiedlicher Grade.

2. Komma beim satzwertigen Infinitiv

Der satzwertige Infinitiv ist ein erweiterter Infinitiv mit *zu*, der einem Nebensatz nahekommt. (Mehr dazu finden Sie unter „Satzwertiger Infinitiv“ in der achten Lektion.) Im Gegensatz zu regulären Nebensätzen kommt der satzwertige Infinitiv grundsätzlich ohne Komma aus. Man *kann* jedoch ein Komma setzen, um die Gliederung des Ganzen zu verdeutlichen. Das heißt: Das Komma ist niemals falsch. Die folgenden Beispielsätze sind demnach mit und ohne Komma richtig:

(1) Bert hat vor [,] sich später einmal als Landschaftsgärtner selbstständig zu machen.
(2) Charly hofft [,] eine Ausbildungsstelle in der Nähe seines Wohnorts zu finden.

Neben diesen Fällen, in denen das Komma freigestellt ist, gibt es auch Fälle, in denen das Komma stehen *muss*. Das Muss gilt unter den folgenden Bedingungen:

- Der satzwertige Infinitiv wird mit einer Infinitivkonjunktion eingeleitet, etwa mit *anstatt*, *ohne* oder *um*.
  Beispiele: (1) *Statt im Angestelltenverhältnis zu arbeiten, will Bert lieber sein eigener Herr sein.* (2) *Er wird Kapital brauchen, um sich selbstständig zu machen.*

- Der satzwertige Infinitiv hängt von einem Substantiv ab.
  Beispiele: (1) *Charlys Bemühungen, eine Ausbildungsstelle vor Ort zu finden, waren bislang ohne Erfolg.* (2) *Seine Lehrerin gab ihm den Tipp, auch nach verwandten Berufen zu schauen.*

- Der satzwertige Infinitiv wird von einem Verweiswort angekündigt oder wieder aufgenommen. Als Verweiswort kann zum Beispiel ein Pronomen auftreten (*es*, *das*) oder ein Pronominaladverb (*damit*, *daran*, *davon*).
  Beispiele: (1) *Charly findet es schwierig, Bewerbungen zu schreiben.* (2) *Er ist damit beschäftigt, sich über verwandte Berufe zu informieren.* (3) *Im Haus seiner Oma wohnen zu bleiben, das ist ihm wichtig.*

An den Beispielen erkennen Sie, dass die Fälle mit Pflicht-Komma keine seltenen Ausnahmen sind, sondern durchaus häufig vorkommen. Insofern sind Sie vielleicht am besten bedient, wenn Sie den satzwertigen Infinitiv grundsätzlich per Komma vom übergeordneten Satz trennen. Damit ersparen Sie sich das Abfragen der Bedingungen, und Sie liegen auf jeden Fall richtig. Nur beim Korrigieren müssten Sie beachten, dass ein fehlendes Komma nicht unbedingt falsch ist.

Beim satzwertigen Infinitiv ist das Komma immer richtig.

3. Komma bei der Apposition

Die Apposition ist eine besondere Art des Attributs. Sie besteht aus einem Substantiv oder einer Substantivgruppe und stimmt im Fall mit ihrem Bezugswort überein. (Mehr dazu finden Sie unter „Attribut" in der sechsten Lektion.) Wenn die Apposition ihrem Bezugswort als Nachtrag folgt, wird sie durch ein (paariges) Komma abgesetzt. Das kommt häufig bei Datumsangaben vor oder bei zusätzlichen Angaben zu Personen oder Einrichtungen. Dazu Beispiele:

(1) Dora geht am Donnerstag, *dem 3. Mai. 20xx*, zu einem Vorstellungsgespräch.
(2) Emma, *ihre große Schwester*, wird sie nach Köln begleiten.
(3) Der Betrieb, *ein Zulieferer für die Autoindustrie*, sucht Azubis für mehrere Berufe.

Wenn Sie die Beispielsätze laut lesen, werden Sie merken, dass man an den Kommastellen kurz innehält. Hier ist – jedenfalls bei genauem Hinhören – das Komma als Pausenzeichen zu erkennen. Dennoch wird gerade das abschließende Komma oft vergessen. Denken Sie daran: Wenn der Satz nach der Apposition weitergeht, ist auch hier ein Komma fällig.

Die Apposition, die wie beim Datum als Nachtrag auf ihr Bezugswort folgt, wird durch Komma(s) abgegrenzt.

4. Komma bei Aufzählungen

Aufzählungen nennen eine Reihe gleichrangiger Elemente. Das können Wörter oder Wortgruppen sein. Wo diese ohne anreihende Konjunktion (etwa *und* oder *sowie*) aufeinanderfolgen, muss ein Komma stehen. Wo dagegen eine anreihende Konjunktion steht – in der Regel vor dem letzten Element –, entfällt das Komma.

(1) Der Betrieb bildet Fertigungsmechanikerinnen, Kraftfahrzeugmechatronikerinnen und Werkzeugmechanikerinnen aus.

(2) Voraussetzungen für die Ausbildung sind mindestens ein Hauptschulabschluss nach Klasse 10, mindestens befriedigende Noten in Mathematik und Physik, handwerkliches Geschick sowie Interesse an Mechanik.

Bei Substantiven – so wie in den Beispielen – ist die Gleichrangigkeit leicht zu erkennen. Bei Adjektiven ist das nicht immer der Fall, und das hat Auswirkungen aufs Komma. Bitte vergleichen Sie:

(1) Dora macht einen freundlichen, aufgeschlossenen Eindruck.
(2) Dora hinterlässt einen guten ersten Eindruck.

Im ersten Satz sind zwei Adjektive aufgezählt, die beide in gleicher Weise den *Eindruck* beschreiben. Sie sind gleichrangig, also durch ein Komma getrennt. Anstelle des Kommas könnte ein *und* stehen. Im zweiten Satz dagegen sind die Adjektive nicht aufgezählt, sondern von unterschiedlichem Stellenwert. Das Adjektiv *erste* bildet eine Einheit mit dem *Eindruck*, und diese Einheit – also nicht bloß der *Eindruck*, sondern der *erste Eindruck* – wird als *gut* beschrieben. Ein *und* zwischen den Adjektiven wäre nicht möglich; also steht auch kein Komma.

Für Aufzählungen gilt: Wo ein und *stehen könnte, wird ein Komma gesetzt. Wo ein* und *steht, wird kein Komma gesetzt.*

5. Komma bei Gegensätzen

Gegensätze haben ihre eigenen Konjunktionen: *aber, doch, sondern, nicht nur – sondern auch*. Diese sind immer mit einem Komma verbunden.

(1) Der Einstellungstest ist hart, aber fair.
(2) Der Betrieb bildet nicht nur Fertigungsmechanikerinnen aus, sondern auch Kraftfahrzeugmechatronikerinnen.

Die Konjunktion *nicht nur – sondern auch* wird zuweilen verwechselt mit den ebenfalls mehrteiligen Konjunktionen *sowohl – als auch* und *weder – noch*. Letztere jedoch sind anreihend und stehen ohne Komma: *Der Betrieb bildet sowohl Fertigungsmechanikerinnen als auch Kraftfahrzeugmechatronikerinnen aus. Die Azubis brauchen weder Abitur noch Einser-Zeugnisse.*

Gegensatz-Konjunktionen stehen mit Komma.

6. Komma bei Zusätzen

Zusätze sind ein Sammelsurium dessen, was einem Satz vorangestellt oder was als Erläuterung hinzugefügt wird. Dazu Beispiele:

(1) Sehr geehrte Frau Aling, die Lehrstellenausschreibung auf Ihrer Firmenhomepage hat mich sofort angesprochen.
(2) Ja, ich würde sehr gerne Ihren Betrieb in einem Praktikum kennen lernen.
(3) Kraftfahrzeugmechatronikerinnen können einen Schwerpunkt wählen, zum Beispiel Motorradtechnik.
(4) Während der Ausbildung, und zwar vom ersten bis zum letzten Tag, wird Wert gelegt auf Sorgfalt und Verantwortungsbewusstsein.

Das erste Beispiel zeigt eine Anrede, das zweite einen Ausruf. Beide stehen vor dem eigentlichen Satz, und das wird per Komma deutlich gemacht. Das dritte und das vierte Beispiel zeigen hinzugefügte Erläuterungen mit typischen Einleitungen. Weitere Einleitungen dieser Art sind *also*, *besonders*, *das heißt*, *nämlich* oder *vor allem*. Beachten Sie bitte, dass im vierten Beispiel die Erläuterung eingeschoben ist und deshalb ein paariges Komma verlangt.

Zusätzliche Elemente wie Anreden oder Nachträge werden durch Komma abgegrenzt.

7. Komma vor dem *und*

Das Komma vor dem *und* ist mit einem zäh klebenden Missverständnis behaftet: Viele denken, es sei verboten. Das ist es nicht. Die Regel, dass vor dem *und* kein Komma steht, gilt nur für Aufzählungen. Ansonsten kann vor dem *und* sehr wohl ein Komma stehen. Das ergibt sich aus den Regeln, die Sie oben kennen gelernt haben. Sehen Sie sich dazu Beispiele an:

(1) Emil weiß, dass er einiges nachzuholen hat [Ende NS], und sieht sich deshalb nach einer Lerngruppe um.
(2) Die Lerngruppe setzt sich das Ziel, sämtlichen Stoff nachzuarbeiten [Ende Infinitiv], und trifft sich dazu zweimal die Woche.
(3) Lediglich die Treffen am Donnerstag, dem 12. Februar [Ende Apposition], und am Montag, dem 16. Februar, müssen ausfallen.
(4) Dann sind alle anderweitig beschäftigt [Abgrenzung Zusatz], und zwar mit Karneval.

Im ersten Beispiel muss das Komma stehen, weil die Satzebene wechselt. Im zweiten Beispiel schließt das paarige Komma den satzwertigen Infinitiv ein, im dritten Beispiel die Apposition. Im vierten Beispiel stellt das Komma den Zusatz heraus. In all diesen Fällen wäre das Weglassen des Kommas vor dem *und* ein Fehler. Das *und* bekommt nämlich keineswegs eine Sonderbehandlung; es setzt die Kommaregeln nicht außer Kraft.

„Kein Komma vor dem und*" gilt nur für Aufzählungen, sonst nicht.*

Zeichensetzung bei wörtlicher Rede

Bei der wörtlichen Rede kommen etliche Satzzeichen zusammen. Der Doppelpunkt kündigt die wörtliche Rede an. Die Anführungszeichen umschließen die angeführte Rede. Das Komma trennt die angeführte Rede vom folgenden Begleitsatz. Punkt, Fragezeichen und Ausrufezeichen markieren je nach Satzart das Satzende.

Am Anfang muss immer die Frage stehen, was zur angeführten Rede und was zum Begleitsatz gehört. Ferner ist darauf zu schauen, ob der Begleitsatz der angeführten Rede vorausgeht, ob er ihr folgt oder ob er eingeschoben ist. Dann ergeben sich die folgenden Kombinationen:

- Begleitsatz vor angeführter Rede
  (1) *Felix sagt: „Wir wollen spielen."*
  (2) *Felix fragt: „Spielt ihr mit?"*
  (3) *Felix ruft: „Spielt doch mit!"*

Was zu beachten ist: Die Satzschlusszeichen gehören mit zur angeführten Rede; deshalb stehen sie *vor* den schließenden Anführungszeichen.

- Begleitsatz nach angeführter Rede
  (1) *„Wir wollen spielen"*, *sagt Felix.*
  (2) *„Spielt ihr mit?"*, *fragt Felix.*
  (3) *„Spielt doch mit!"*, *ruft Felix.*

Was zu beachten ist: Die angeführte Rede wird durch ein Komma vom Begleitsatz getrennt. Der Punkt am Ende des Aussagesatzes (1) fällt weg. Fragezeichen und Ausrufezeichen bleiben erhalten.

- eingeschobener Begleitsatz
  (1) *„Wenn ihr wollt"*, *sagt Felix*, *„könnt ihr gerne mitspielen."*
  (2) *„Auch Online-Spiele"*, *so behauptet die Autorin*, *„leisten einen wesentlichen Beitrag zur Stärkung der sozialen Kompetenz."*

Was zu beachten ist: Beide Teile der angeführten Rede stehen in Anführungszeichen. Der Begleitsatz wird in Kommas gefasst. Das Komma am Ende eines Nebensatzes im ersten Teil entfällt; hier reicht das Komma nach den schließenden Anführungszeichen (richtig: *„Wenn ihr wollt"*, *sagt Felix*; falsch: **„Wenn ihr wollt,"*, *sagt Felix*).

Faustregeln für die wörtliche Rede:
1. *Angeführte Rede und Begleitsatz sind deutlich voneinander zu trennen, entweder per Doppelpunkt oder per Komma.*
2. *Die angeführte Rede inklusive Satzzeichen wird von Anführungszeichen umschlossen.*
3. *Wenn der Begleitsatz folgt, darf vorher kein Punkt stehen.*

Fragen

1. Welcher Vergleich wäre geeignet, den Nutzen der Zeichensetzung deutlich zu machen?

2. Viele Lernende, die in der Kommasetzung eine ihrer größten Schwächen sehen, haben tatsächlich ein ganz anderes Problem. Womit tun sie sich schwer?

3. Das Komma kann bedeutungsunterscheidend sein. Sehen Sie sich in diesem Sinne die folgenden Sätze an:
   (1) *Frau Beling, die Fachbereichsleiterin, und ich bereiten die Veranstaltung vor.*
   (2) *Frau Beling, die Fachbereichsleiterin und ich bereiten die Veranstaltung vor.*
   Wie viele Personen sind jeweils beteiligt?

4. Was ist der Unterschied zwischen *der 3., überarbeiteten Auflage* und *der 3. überarbeiteten Auflage*?

5. Viele Lernende prägen sich ein, dass vor *dass* immer ein Komma steht. Dies ist jedoch nicht richtig. In welchen Fällen trifft es nicht zu? Bitte bilden Sie Beispiele.

Übungen

Erste Übung

Hier geht es darum, die Kriterien für die Kommasetzung zu verinnerlichen. Die folgenden Sätze enthalten jeweils ein Komma. Bitte erklären Sie, warum das Komma dasteht. Es reicht, wenn Sie ein Stichwort nennen: Satzebene, Infinitiv, Apposition, Aufzählung, Gegensatz, Zusatz.

1. Eine vollständige Bewerbung umfasst neben dem Anschreiben einen Lebenslauf, Zeugnisse und immer öfter auch ein Motivationsschreiben. [Aufzählung]
2. Motivationsschreiben sind dazu da, Beweggründe schlüssig darzulegen. [________________]
3. Sie erklären, warum jemand genau diesen und keinen anderen Weg einschlagen möchte. [________________]
4. Dabei nennen sie nicht nur Fakten, sondern vor allem Zusammenhänge. [________________]
5. Die kommen in anderen Dokumenten vielfach zu kurz, so etwa in Zeugnissen. [________________]
6. Zeugnisse zeigen Ergebnisse, aber nicht den Weg dorthin. [________________]
7. Auch ein Lebenslauf kann viele Fragen offen lassen, selbst wenn er vollständig ist. [________________]
8. Das Motivationsschreiben ist eine gute Gelegenheit, solche Fragen zu beantworten. [________________]
9. Ganz nebenbei zeigt es dem Gegenüber, wie gut jemand Gedanken ordnen und darlegen kann. [________________]
10. In diesem Fall geht das Motivationsschreiben an Herrn Celing, den Ausbildungsbeauftragten. [________________]

Zweite Übung

Dies ist die Vertiefung der ersten Übung. Diesmal können die Sätze auch mehrere Kommas enthalten. Bitte begründen Sie alle.

1. Bewerbungen müssen eine ganze Reihe von Hürden nehmen, bevor sie zu dem gewünschten Ergebnis führen. [Satzebene]
2. Die erste Hürde, die es zu überwinden gilt, ist die Vorsortierung. [__________]
3. Bei der Vorsortierung wird geprüft, ob die Bewerbung optisch ansprechend, vollständig und fehlerfrei ist. [__________; __________]
4. Bewerbungen mit verschmierten Seiten oder unangemessenen Fotos scheiden hier aus, und zwar ohne inhaltliche Prüfung. [__________]
5. Als Nächstes kommt es darauf an, bei der zuständigen Person so viel Interesse zu wecken, dass sie weiterliest. [__________; __________]
6. Solches Interesse weckt man nicht durch Schmuckschriften, Bildchen und buntes Papier, sondern durch aussagekräftige Inhalte. [__________; __________]
7. Die Inhalte müssen zeigen, warum die Person, die sich bewirbt, eine gute Besetzung ist für die offene Stelle. [__________; __________]
8. Deshalb muss die offene Stelle, das Ziel, mit in die Ausführungen einbezogen werden. [__________]
9. Die nächste Hürde besteht in der Prüfung der Qualifikationen, die eine Person nachweisen kann. [__________]
10. Wenn alles passt, hat die Person gute Aussichten, die Stelle zu bekommen. [__________; __________]

Dritte Übung

Thema ist das Komma beim Wechsel der Satzebene. Bitte setzen Sie in den folgenden Satzgefügen die notwendigen Kommas ein.

1. Nur wenige junge Menschen können sagen, was sie einmal werden wollen.
2. Den meisten gefällt mal dies und mal das ohne dass sie Genaues darüber wissen.
3. Deshalb ist es so wichtig dass die Berufsorientierung früh genug ansetzt und dass sie sachkundig begleitet wird.
4. Das klappt nachweislich am besten wenn alle Beteiligten zusammenarbeiten.
5. Zunächst aber müssen die Jugendlichen selbst darauf achten wo ihre Fähigkeiten und Stärken liegen.
6. Damit sind auch die Stärken gemeint die sie an den Tag legen wenn sie außerhalb der Schule unterwegs sind.
7. Eine Schülerin die mit großem Erfolg dreimal die Woche Nachhilfe in Mathe gibt wird neben der mathematischen Begabung die ihr das Zeugnis bescheinigt auch didaktisches Geschick haben was wiederum nicht im Zeugnis steht.
8. Wer ein Fahrrad auseinandernimmt und wieder zusammenbaut ohne dass ein Schräubchen übrig bleibt hat außer technischem Verständnis das vielleicht in die Physiknote einfließt auch großes handwerkliches Geschick.
9. Wenn eine Schülerin sich ihrer Stärken bewusst ist braucht sie als Nächstes Informationen darüber in welchen Berufen genau diese Stärken gefragt sind.
10. Damit diese Informationen die zum Beispiel die Arbeitsagentur liefern könnte nicht graue Theorie bleiben empfiehlt sich ein Praktikum in einem entsprechenden Betrieb.

Vierte Übung

Hier geht es um das Komma vor dem *und*. Bitte entwerfen Sie vier Beispielsätze, in denen ein solches Komma vorkommt. Es soll einmal mit dem Wechsel der Satzebene zu tun haben, einmal mit dem satzwertigen Infinitiv, einmal mit einer Apposition und einmal mit einem Zusatz. Beispiel: *Ein Beruf, der im Sitzen ausgeübt wird, und ein Studium kommen für Hannah nicht in Frage. (Satzebene)*

1. Satzebene: ______________________________

____

2. Infinitiv: ______________________________

____

3. Apposition: ______________________________

____

4. Zusatz: ______________________________

____

Fünfte Übung

Bitte übernehmen Sie die Kommasetzung für die folgenden Sätze.

1. Auch für Menschen im fortgeschrittenen Alter ist es lange keine Selbstverständlichkeit mehr, dass sie in ihrem ersten Beruf bleiben.
2. Bei einigen so zum Beispiel bei Druckern oder bei Cuttern hat sich das Berufsbild so stark verändert dass sie ihren ursprünglichen Beruf kaum wiedererkennen.
3. Anderen dagegen schlägt genau das Gegenteil aufs Gemüt nämlich der Stillstand.
4. Sie können es nicht mehr aushalten jahrein jahraus immer nur das Gleiche zu machen.
5. Bei wieder anderen sind es gesundheitliche Probleme die einer weiteren Ausübung des gelernten Berufs im Wege stehen.
6. Schließlich ist da noch die große Gruppe derer die irgendwann merken dass sie sich so verlaufen haben dass sie dringend einen neuen Weg suchen müssen.
7. Vielen wird auch irgendwann bewusst dass sie sich verlaufen haben und dass sie lieber einen neuen Weg suchen sollten.

8. Damit der Neustart gelingt sollte er als Chance begriffen werden und nicht als Kapitulation.
9. Gelingen kann der Neustart nur dann wenn er nicht als Kapitulation verstanden wird sondern als Chance.
10. Frau Deling Verkäuferin und frischgebackene Bürokauffrau erzählt wie es für sie war nach fast 30 Jahren wieder auf der Schulbank zu sitzen.

Sechste Übung

Hier geht es um solche Fälle, in denen das Komma die Bedeutung verändert. Die folgenden Sätze enthalten jeweils ein markiertes Komma. Bitte erklären Sie, wie die Sätze mit diesem Komma und ohne dieses Komma zu verstehen sind.

1. Frau Eling, die älteste Teilnehmerin, und der jüngste Teilnehmer verabreden sich zum Lernen.

   mit Komma: ______________________________

   ohne Komma: ______________________________

2. Gerade haben sie das vierte, schwierige Kapitel durchgearbeitet.

   mit Komma: ______________________________

   ohne Komma: ______________________________

3. Sie versuchen jeden Samstag, ein Kapitel zu bearbeiten.

   mit Komma: ______________________________

   ohne Komma: ______________________________

4. Emil ist in seinem neuen, weißen Hemd kaum wiederzuerkennen.

   mit Komma: ______________________________

   ohne Komma: ______________________________

5. Die Dozentin empfiehlt, ihm gut zuzuhören.

   mit Komma: ____

   ohne Komma: ______________________________________

Siebte Übung

Thema ist die Zeichensetzung in der wörtlichen Rede. Bitte setzen Sie an den Stellen, die jetzt mit einem Gedankenstrich markiert sind, die notwendigen Satzzeichen ein.

1. Die Kernfrage lautet – Ist Arbeit dem Menschen eine Lust oder eine Last –
2. Dazu gibt es zwei Theorien. Die eine besagt – Der Mensch ist prinzipiell arbeitsscheu. Er tut nur, was man ihm sagt. Deshalb müssen Aufgabenbereiche, Leistungserwartungen und Verantwortung genau abgesteckt sein –
3. Die andere Theorie behauptet – Der Mensch ist von Natur aus engagiert und arbeitswillig. Denn in der Arbeit kann er sich verwirklichen –
4. Das mit der Verwirklichung ist so eine Sache. Es ist schwer, sich einen Schlachthofarbeiter vorzustellen, der um fünf Uhr aufsteht und sagt – Hurra! Ab sechs kann ich wieder im Akkord Tiere schlachten. Dann bin ich wieder ganz ich selbst –
5. Viel wahrscheinlicher ist ein anderes Szenario. – Nun ja – sagt der Schlachthofarbeiter – es ist nun einmal so. Ich brauche das Geld –

Achte Übung

In dieser Übung sind Sie zuständig für die wörtliche Rede und für sämtliche weiteren Kommas.

1. In meinem Heimatland in Indien habe ich Jura studiert – erzählt die Gastrednerin – Doch mit dieser Ausbildung kann ich hier nichts anfangen
2. Tut Ihnen das leid – fragt ein Mann aus der Runde
3. Mal ja mal nein – antwortet die Gastrednerin – In dunklen Momenten frage ich mich ob denn das Leben das ich hatte bevor ich hierher kam gar nichts wert ist. Habe ich sieben Jahre lang umsonst studiert

4. Nein gewiss nicht – ruft eine Frau aus der Runde
5. Die meiste Zeit sehe ich das auch so – sagt die Gastrednerin – Schließlich lernt man nicht nur ein Fach sondern auch und vor allem das Denken
6. Und das kann man überall gebrauchen – ergänzt jemand aus der Runde
7. Es war ein guter Grundstock um Neues hinzuzulernen – fährt die Gastrednerin fort – Als Erstes habe ich die Sprache gelernt und zwar in Ganztagskursen an der Volkshochschule
8. Außerdem habe ich immer versucht mit Menschen ins Gespräch zu kommen
9. Manchmal besonders am Anfang ging das nur mit Händen und Füßen mit ein paar Brocken Englisch und mit viel gutem Willen bei allen Beteiligten
10. Dieser gute Wille hat mir immer sehr geholfen auch bei der Ausbildung die mich zu dem Beruf gebracht hat in dem ich heute arbeite

Zehnte Lektion
Alles in einem: Den Stoff wiederholen

In dieser Lektion lassen Sie den Stoff Revue passieren. Dabei läuft immer die Frage mit, wie Sie ihn auch ohne große Ausführungen, also mehr in kleinen Gesten, weitergeben können.

Nutzwert

Das Sammelsurium dieser Lektion wird Ihnen in dreifacher Hinsicht guttun. Erstens frischt es Ihre Erinnerung auf. Zweitens bietet es eine weitere Gelegenheit zum Üben, und üben kann man nie genug. Drittens bereitet es Sie darauf vor, wie vielfältig die Fragen sind, die auf Sie zukommen können. Von jetzt auf gleich können Sie hier nach einer Präposition gefragt werden, dort nach einer Verbform, anderswo nach einem Doppelbuchstaben und wieder anderswo nach einem Satz. Solche spontanen Fragen zur Sprache sind umso häufiger, je mehr Menschen die Sprache neu dazulernen. Diese Lernenden sind grammatisch interessiert und aufmerksam im Beobachten. Es ist schön, diesem Interesse mit entsprechenden Kenntnissen begegnen zu können. Denn damit gewinnt die Sprache ein Moment, das alle verbindet.

Erste Übung: Auf die Vokale achten

Vokale können kurz oder lang sein. Beim Schreiben wird die Länge nicht am Vokalbuchstaben markiert, sondern durch sein Umfeld. Also kann man vom Vokal aus gewisse Schreibweisen erkennen. Das ist der Grund, warum Vokale besondere Beachtung verdienen. Darin können Sie sich üben, indem Sie für die markierten Stellen angeben, ob der Vokal kurz oder lang ist. Nennen Sie ein ähnliches Wort, in dem es sich anders verhält. Beispiel: *Hund* (kurzes *u*; Gegenbeispiel: *Huhn*)

1. der Spatz (kurz) : der Spaten
2. die Häsin (________) : ________
3. der Eber (________) : ________

4. die Ziege (______________) : ______________
5. der Spitz (______________) : ______________
6. der Bock (______________) : ______________
7. der Wolf (______________) : ______________
8. die Höhle (______________) : ______________
9. die Brut (______________) : ______________
10. die Mücke (______________) : ______________

Zweite Übung: Den s-Laut wiedergeben

Der s-Laut gilt als schwierig, da zwischen den Schreibweisen *s*, *ss* und *ß* zu unterscheiden ist. Wie schwer oder leicht Ihnen das fällt, das können Sie anhand der folgenden Sätze prüfen. Bitte schließen Sie die Lücken mit den jeweils erforderlichen Buchstaben.

1. Das Gebäude wirkt wie ein rie[_____]iger Fremdkörper in der Altstadt. Die Fa[_____]ade ist ri[_____]ig. Trotzdem wurde ein Abri[_____]top verfügt.
2. Es wäre eine wei[_____]e Entscheidung gewesen, dieses Kapitel endlich zu schlie[_____]en. Doch aus irgendeinem Grund sind die Beteiligten nicht bereit, einen Schlu[_____]trich zu ziehen.
3. Wer wei[_____], was sie noch vorhaben? Vielleicht hat die eine oder andere Seite noch ein A[_____] im Ärmel, das sie gerne ausspielen möchte. Ansonsten wäre es am besten, sie würden die Mi[_____]ere mit einem Kompromi[_____] beenden.
4. Das wäre ein Ergebni[_____], das einiges diplomatisches Geschick vorau[_____]etzt. Hier könnten die Beteiligten neue Ma[_____]täbe setzen, an denen sich dann auch künftige Parteien me[_____]en la[_____]en mü[_____]ten.
5. Als ich zum ersten Mal über die Angelegenheit la[_____], war mir nicht bewu[_____]t, welche Ausma[_____]e sie annehmen könnte. Also verga[_____] ich dic Sachc, bis mich jemand darauf hinwie[_____], dass sie längst ein Drama in mehreren Akten war.

Übung zum Mitnehmen: Den s-Laut erklären

Der s-Laut ist mit vielen Unsicherheiten und Fragen behaftet. Denen können sie am besten begegnen, wenn sie eine einfache Erklärung samt Beispielen parat haben. Entwerfen Sie eine Erklärung, die alle wesentlichen Elemente enthält: stimmhaft – stimmlos – allein nach kurzem Vokal – allein nach langem Vokal.

Dritte Übung: Wortarten einprägen

In der zweiten Lektion wurden neun Wortarten vorgestellt. Hier können Sie testen, was davon hängen geblieben ist. Bitte nennen Sie – möglichst ohne nachzuschlagen – für jede Wortart Beispiele sowie die wichtigsten Merkmale.

Wortart	Beispiele	Merkmale
Verb		
Substantiv		
Artikelwort		
Pronomen		
Adjektiv		
Adverb		

Wortart	Beispiele	Merkmale
Präposition		
Konjunktion		
Partikeln		

Vierte Übung: Wortarten erkennen

Bitte identifizieren Sie die Wortarten in dem folgenden Beispiel. Am besten fangen Sie mit den Wörtern an, die für Sie offensichtlich sind. Das macht es leichter, auch den Rest zu erkennen.

Der Film sorgte für lebhafte Diskussionen. Manche fanden ihn zu brutal, andere sahen darin das Leben, wie es ist.

Der [Artikel] Film [________] sorgte [________] für
[________] lebhafte [________] Diskussionen [________].
Manche [________] fanden [________] ihn [________] zu
[________] brutal [________], andere [________] sahen
[________] darin [________] das [________] Leben
[________], wie [________] es [________] ist [________].

Fünfte Übung: Verbklassen bestimmen

Die vier Verbklassen – Thema der dritten Lektion – sind Vollverben [V], Hilfsverben [H], Kopulaverben [K] und Modalverben [M]. Bitte geben Sie für die markierten Verben an, worum es sich jeweils handelt.

1. Filme gehören [__V__] mit auf den Lehrplan.
2. Zuschauende sollten [____] Filme kritisch erfassen [____] können [____].
3. Auch Fernsehen will [____] gelernt sein [____].
4. Im Infotainment sind [____] Nachrichten und Unterhaltung vermischt.
5. Die Vermischung erschwert [____] die Urteilsbildung.
6. Die Urteilsbildung ist [____] schwierig.
7. Dieser Film ist [____] beim Publikum durchgefallen.
8. Dieser Film ist [____] eine Komödie.
9. Dieser Film hat [____] eine einfache Botschaft.
10. Dieser Film hat [____] alle zu Tränen gerührt.

Sechste Übung: Indirekte Rede bilden

Die indirekte Rede bedient sich des Konjunktivs. Dieser gehört mit zum Verb (also in die dritte Lektion). Die indirekte Rede ist von den Regeln her einfach, erfordert aber einiges Jonglieren mit Verbformen. Das können Sie hier in einer neuen Runde üben, indem Sie die Verben, die im Infinitiv dastehen, in die richtige Konjunktivform setzen.

1. Der Minister sagte im Interview, Bildungspolitik [sein] __sei__ ein schwieriges Feld. Umso mehr [freuen] _________ er sich über die guten Ergebnisse des Bildungsgipfels. Alle Beteiligten [werden] _________ auch weiterhin konstruktiv zusammenarbeiten.
2. Der Minister sagte, Schule und Ausbildung [sein] _________ ein schwieriges Feld. Umso mehr [freuen] _________ ihn die guten Ergebnisse des Bildungsgipfels. Man [werden] _________ auch weiterhin konstruktiv zusammenarbeiten.
3. In den Arbeitsgruppen [sollen] _________ künftig *alle* Interessengruppen vertreten sein. Alle [verfolgen] _________ ein und

dasselbe Ziel: Kein Kind [dürfen] _________ zurückgelassen werden.

4. Das Thema Bildungsgerechtigkeit [bekommen] _________ einen größeren Stellenwert. Es [gehen] _________ nicht an, dass es von der Herkunft [abhängen] _________, welchen Weg ein Kind [einschlagen] _________.
5. Auf die Frage, warum sein eigener Sohn eine Privatschule [besuchen] _________, antwortete der Minister, dafür [geben] _________ es persönliche Gründe, und da sie nun einmal persönlich [sein] _________, [werden] _________ er sie auch nicht öffentlich darlegen.

Übung zum Mitnehmen: Den Konjunktiv einschleifen

Wenn Sie im Umgang mit dem Konjunktiv mehr Sicherheit erlangen möchten, können Sie mit jedem beliebigen Text arbeiten. Greifen Sie einen Absatz heraus und geben Sie ihn wieder: *In dem Text heißt es, …*

Übung zum Mitnehmen: Zum Konjunktiv animieren

Sie können dem Konjunktiv das Fremde und Befremdliche nehmen, indem Sie ihn in alltäglichen Situationen zeigen. Sagen Sie zwei, drei Sätze zum persönlichen oder allgemeinen Tagesgeschehen und bitten Sie jemanden, diese weiterzuerzählen: *Frau Aling hat gesagt, sie habe Stress bei der Arbeit gehabt. Zwei ihrer Kolleginnen hätten wegen Krankheit gefehlt. Deshalb seien alle Terminsachen bei ihr gelandet.* Dann kann die nächste Person zwei, drei Sätze sagen, und jemand anderes erzählt sie weiter: *Herr Beling hat gesagt, er habe an einer Demo gegen die Massentierhaltung teilgenommen. Er habe es satt, dass Tiere so gequält würden.* So können Sie mit dem Konjunktiv die Runde machen.

Siebte Übung: Substantivierungen erkennen

Substantivierungen sind ein wesentlicher Teil der Großschreibung (und damit der vierten Lektion). Sie entstehen beim Schreiben, und zwar aus unterschiedlichstem Material. Deshalb ist es wichtig, dass man die Stellen erkennt, die durch Substantivierungen bzw. durch reguläre Substantive zu besetzen sind. Darin können Sie sich hier noch einmal üben. Bitte entscheiden Sie, ob die Wörter, die in Großbuchstaben dastehen, groß- oder kleinzuschreiben sind.

1. Bildung ist MEHR ___mehr___ als das VORHANDENSEIN ______________ von WISSEN ______________; sie ist das Ergebnis lebenslangen LERNENS ______________.
2. Vielen 13-JÄHRIGEN ______________ dürfte die Vorstellung, lebenslang zu LERNEN ______________, ein Grauen sein.
3. Für sie ist LERNEN ______________ – zumindest das SCHULISCHE ______________ – ein Zwang, den sie schnellstmöglich beenden möchten.
4. Denn 13-JÄHRIGE ______________ Jungen und Mädchen haben vermeintlich WICHTIGERES ______________ im Kopf.
5. Die MEISTEN ______________ von ihnen sind noch nicht reif für die WICHTIGEREN ______________ Entscheidungen im Leben.
6. Deshalb plädieren viele SACHVERSTÄNDIGE ______________ dafür, dass das gemeinsame LERNEN ______________ über die Grundschule hinausgehen soll.
7. Mit dem AUSSORTIEREN ______________ in der vierten Klasse werde man den Kindern nicht gerecht.
8. Im ÜBRIGEN ______________ verursache es sowohl GESELLSCHAFTLICHE ______________ als auch wirtschaftliche Probleme.

9. Am SCHLIMMSTEN _____________ seien die Kinder betroffen, deren Elternhaus nichts FÖRDERLICHES _____________ biete.
10. In manchem Elternhaus könne es allen Äußerlichkeiten zum Trotz am NÖTIGSTEN _____________ mangeln: am Rückhalt bei den Eltern.

Tipp zum Mitnehmen: Hinweise abfragen, Ersatz suchen

Sie können das Erkennen von Substantivierungen befördern, indem Sie Hinweise abfragen oder Ersatzproben durchführen. Zu den Hinweisen gehören zum Beispiel vorausgehende Artikelwörter oder andere Begleiter. Bei der Ersatzprobe wird die Substantivierung durch ein ursprüngliches Substantiv ersetzt: *Die Frau ist ganz in Grün* [Ersatz: *Baumwolle*] *gekleidet.*

Achte Übung: Getrennt- und Zusammenschreibung ordnen

Die Getrennt- und Zusammenschreibung – Thema der fünften Lektion – ist ein unübersichtliches Feld mit vielen Regeln. Hier können Sie testen, was davon hängen geblieben ist. Versuchen Sie, mit Hilfe der Stichworte und Beispiele zu Regeln zu gelangen.

Stichwort	**Beispiele**	**Regel**
Verb + Verb	hängen bleiben liegen lassen schlafen gehen	
neue Gesamtbedeutung	blaumachen großtun schwarzfahren	
Infinitiv mit *zu*	anzumachen mitzumachen zuzumachen	

Einsparung	butterweich praxisorientiert tränenüberströmt	
Ableitungsendung	blässlich grün grausig schlecht praktisch begabt	
Fugen-s	arbeitswillig betreuungsintensiv verfassungskonform	
Substantivierung von Wortgruppen	beim Autofahren vom Schachspielen zum Schlafengehen	

Neunte Übung: Das Prädikat erkennen

Das Prädikat wurde in der sechsten Lektion vorgestellt. Es ist der Kern des Satzes. Es kann einteilig oder mehrteilig sein und auch nicht verbale Bestandteile enthalten. Beim Prädikat sollten Sie ansetzen, wenn ein Satz zu entschlüsseln oder auch zu entwirren ist. Deshalb ist es hilfreich, einen geübten Blick fürs Prädikat zu haben. Dem können Sie hier nachhelfen, indem Sie in den folgenden Sätzen die Prädikate markieren. Denken Sie daran, dass jeder Teilsatz sein eigenes Prädikat hat.

1. Frau Beling hat erst im Alter von 40 Jahren nach der Geburt zweier Kinder und der Scheidung von ihrem Mann eine Ausbildung gemacht.
2. Frau Beling ist erst zu einer Ausbildung gekommen, nachdem sie sich von ihrem Mann hat scheiden lassen.
3. Nach einer Pause von mehr als 20 Jahren ist ihr das Lernen anfangs schwergefallen.
4. Doch mit tatkräftiger Unterstützung ihrer Töchter, Mitschülerinnen und Lehrpersonen konnte sie die Anfangsschwierigkeiten schnell überwinden.

5. Seit letztem Sommer ist Frau Beling Altenpflegerin.
6. Die Arbeit in einem ambulanten Pflegedienst hat ihr vom ersten Tag an gefallen.
7. Der direkte Umgang mit Menschen sagt ihr zu; und die flexiblen Dienstpläne kommen ihr entgegen.
8. Sie kann ihre Dienste so legen, dass genug Zeit für ihre Töchter bleibt.
9. Mittlerweile hat sich auch die älteste Tochter für eine Ausbildung in der Pflege entschieden.
10. Sie möchte Kinderkrankenschwester werden.

Tipp zum Mitnehmen: Fragen, was geschieht

Wenn Sie es mit überladenen Sätzen zu tun haben, ist Aufräumen angesagt. Fragen Sie, was geschieht bzw. wer was tut. Dann lassen Sie eine Handlung auf die andere folgen, jede in ihrem eigenen Satz.

Zehnte Übung: Das Subjekt erkennen

Das Subjekt geht Hand in Hand mit dem Prädikat, gehört also auch in die sechste Lektion. Subjekt und Prädikat müssen formal zueinander passen; sie bilden das Grundgerüst des Satzes. Subjekte können formal sehr unterschiedlich ausfallen, werden aber trotzdem immer gleich erfragt: *wer oder was?* + Prädikat. Das können Sie in dieser Übung noch einmal durchexerzieren. Bitte markieren Sie in den folgenden Sätzen die Subjekte.

1. <u>Der Winter</u> hat Einzug gehalten.
2. Das freut vor allem die Kinder.
3. Denn neben anderen Vergnügen beschert der Schnee die Aussicht auf einen schulfreien Tag.
4. Wer jedoch durch Schnee oder über Eis zur Arbeit gelangen muss, wird weniger erfreut sein.
5. Dass es zu Verkehrschaos kommt, ist abzusehen.

6. Heute Morgen ist Frau Belings Auto nicht angesprungen.
7. Das Auto, das seine besten Jahre längst hinter sich hat, reagiert empfindlich auf Kälte.
8. Eine Frau aus dem Nachbarhaus war so freundlich, Frau Beling mitzunehmen.
9. Von einer freundlichen Nachbarin wurde Frau Beling mitgenommen.
10. So konnte Frau Belings erste Patientin pünktlich versorgt werden.

Elfte Übung: Hauptsatz und Nebensatz unterscheiden

Haupt- und Nebensätze sind in der siebten Lektion erklärt. Ein Hauptsatz ist ein Satz, der keinem anderen Satz untergeordnet ist. Er kann als einfacher Satz allein stehen, und er kann Teil eines komplexen Satzes sein. Sein wesentliches Merkmal ist das finite Verb an der zweiten Stelle. Ein Nebensatz ist immer ein untergeordneter Satz; er kann *nicht* allein stehen. In den meisten Nebensatzformen steht das Prädikat am Ende. All diese Merkmale können Sie sich mit dieser Übung noch einmal vergegenwärtigen. Bitte unterstreichen Sie die Hauptsätze.

1. Der Kurs ist ein Angebot an diejenigen, die ihr unternehmerisches Denken und Handeln stärken möchten.
2. Wer sein unternehmerisches Denken und Handeln stärken möchte, ist in diesem Kurs gut aufgehoben.
3. In der Kursbeschreibung heißt es, dass keine buchhalterischen Vorkenntnisse nötig sind.
4. Dass keine buchhalterischen Vorkenntnisse nötig sind, habe ich der Kursbeschreibung entnommen.
5. Wenn keine buchhalterischen Vorkenntnisse nötig sind, kann ich an dem Kurs teilnehmen.
6. Dazu müsste ich allerdings dienstags früher gehen, und das könnte in manchen Wochen schwierig sein.

7. Was es mit der Kosten- und Erlösrechnung auf sich hat, wird ein Thema des Kurses sein.
8. Das könnte ich, da ich neuerdings genau dafür zuständig bin, gut gebrauchen.
9. Trotz der hohen Kursgebühr würde ich gerne an dem Kurs teilnehmen, denn er bringt mich in meiner Arbeit weiter.
10. Da auch der Betrieb von der Kursteilnahme profitieren würde, könnte er sich an den Kosten beteiligen.

Tipp zum Mitnehmen: Die Sätze kurz halten

Beim Satzbau werden Sie es oft mit hausgemachten Problemen zu tun haben: Sätze werden dermaßen überfrachtet, dass sie hinten und vorne nicht mehr zusammenpassen. Hier können Sie Abhilfe schaffen, indem Sie unermüdlich zeigen: Kurz ist gut. Bilden Sie einfache Sätze und komplexe Sätze mit nur wenigen Teilsätzen. Zwei Teilsätze sind überschaubar; vier Teilsätze sind eine Herausforderung. Machen Sie vor, wie leicht der Satzbau gehen kann.

Zwölfte Übung: Die Satzklammer erkennen

Die Satzklammer – Thema der siebten Lektion – unterteilt den Satz in Stellungsfelder. Im Hauptsatz besteht sie aus dem finiten Verb links und dem Rest des Prädikats (wenn es denn einen gibt) rechts. Im konjunktionalen Nebensatz besteht sie aus der Nebensatzkonjunktion links und dem gesamten Prädikat rechts. Das ist die Beschreibung, und die können Sie jetzt in einem weiteren Übungslauf anwenden. Bitte unterstreichen Sie die Satzklammer in den folgenden Sätzen.

im Hauptsatz:

1. Die Volkshochschule bietet diesen Kurs jedes Jahr einmal an.
2. In diesem Semester nehmen 13 Personen daran teil.
3. In der ersten Stunde wurde der Plan sowie alles Organisatorische besprochen.

4. Zudem konnten die Teilnehmenden Fragen, Anregungen und Wünsche einbringen.
5. Damit dürften die Erwartungen hinreichend geklärt sein.

im Nebensatz:

1. Es ist schade, dass du diese Gelegenheit hast verstreichen lassen.
2. Ich bin mir nicht sicher, ob die Volkshochschule diesen Kurs regelmäßig anbietet.
3. Es wäre schön, wenn du nächstes Jahr oder anderswo daran teilnehmen könntest.
4. Obwohl der Kurs sehr stark beworben worden ist, haben sich nur wenige Interessierte gemeldet.
5. Für diesen Kurs braucht man viel Zeit, da der Stoff nicht nur in den Unterrichtsstunden bearbeitet wird, sondern auch und vor allem im Selbststudium.

Tipp zum Mitnehmen: Klammerteile zusammenrücken

Linke und rechte Klammer umspannen ein Feld, für das es theoretisch keine Begrenzung gibt. Umso wichtiger ist es, dass Sie von sich aus auf die Begrenzung achten. Rücken Sie die Klammerteile so eng wie möglich zusammen. Damit stellen Sie sicher, dass der rote Faden nicht reißt.

Dreizehnte Übung: Adverbialsätze bestimmen

Adverbialsätze gehören zu den Nebensätzen (also in die achte Lektion). Sie sind Nebensätze in der Funktion einer Umstandsbestimmung. Mit Hilfe ihrer einleitenden Konjunktion können sie die Umstände sehr genau bestimmen. Bitte geben Sie für die folgenden Sätze an, was für ein Umstand jeweils ausgedrückt wird. Und wenn Ihnen noch dazu die Nebensatzbezeichnung einfällt, dann schreiben Sie die auch noch auf.

1. Frau Celing belegt einen Deutschkurs, da sie sich beim Schreiben unsicher fühlt. [Grund (Kausalsatz)]
2. Sie will ihr Schreiben so weit verbessern, dass sie es auch bei der Arbeit einsetzen kann. [__________]
3. Wenn das Schreiben besser klappt, kann sie im Betrieb andere Aufgaben übernehmen. [__________]
4. Soweit sie die Lage überblickt, steht der Betrieb ganz gut da. [__________]
5. Obwohl sie noch keine feste Zusage hat, rechnet sie fest mit einer besseren Stelle. [__________]
6. Während sie am Unterricht teilnimmt, passt eine Nachbarin auf die Kinder auf. [__________]
7. Sie bringt die Kinder zum Einschlafen, indem sie ihnen Geschichten vorliest. [__________]
8. Während der Junge am liebsten Märchen hört, verlangt das Mädchen nach Tiergeschichten. [__________]
9. Beide würden gerne länger aufbleiben, als ihre Mutter das erlaubt. [__________]
10. Ihre Mutter arbeitet sehr viel, damit sie sich bald eine größere Wohnung leisten können. [__________]

Vierzehnte Übung: Kommas begründen

Das Komma, Thema der neunten Lektion, ist ein grammatisch motiviertes Satzzeichen. Es ergibt sich aus dem Satzbau, und zwar bei den folgenden Gelegenheiten: beim Wechsel der Satzebene, beim satzwertigen Infinitiv, bei der Apposition (dem Beisatz), bei Aufzählungen, Gegensatzkonjunktionen und Zusätzen. In den folgenden Sätzen können Sie sich diese Gelegenheiten noch einmal bewusst machen. Bitte begründen Sie, warum die Kommas dastehen.

1. Wer in jungen Jahren keinen Schulabschluss erlangt hat, kann das später nachholen. [__________]

2. Das gilt für alle Abschlüsse, auch für den Hauptschulabschluss. [__________________]
3. Ein nachgeholter Abschluss ist nicht minderwertig, sondern hoch angesehen. [__________________]
4. Wer den zweiten Bildungsweg beschreitet, beweist damit besondere Motivation. [__________________]
5. Um einen Hauptschulabschluss nachzuholen, sollte man mindestens ein Jahr Zeit einplanen. [__________________]
6. In dieser Zeit sollte man möglichst an Vorbereitungskursen teilnehmen, die zum Beispiel von Volkshochschulen angeboten werden. [__________________]
7. Auf dem Lehrplan stehen Deutsch, Mathematik, Politik & Wirtschaft, Biologie und die Erstellung einer Projektarbeit. [__________________]
8. Deutsch und Mathematik, die beiden Kernfächer, kann man in jedem Beruf gebrauchen. [__________________]
9. Politik und Wirtschaft helfen dabei, gesellschaftliche Zusammenhänge besser zu verstehen und mit zu gestalten. [__________________]
10. Weiterbildung im Erwachsenenalter ist uneingeschränkt zu empfehlen, und zwar für alle. [__________________]

Tipp zum Mitnehmen: Dem Bauchgefühl nachspüren

Wenn Sie nach Kommas fragen, werden Sie oft zu hören kriegen: „Ich mach das nach Gefühl." Ein solches Komma-Gefühl muss nicht unbedingt zu schlechten Ergebnissen führen; es ist allerdings auch kein Garant für gute Ergebnisse. Eine zuverlässige Kommasetzung ist nur über die Regeln zu erreichen. Deshalb lohnt es sich, immer und immer wieder die Gründe aufzuzeigen. Die sollten Sie parat haben und in zwei, drei Sätzen darlegen können.

Fünfzehnte Übung: Am Ball bleiben

Wenn Sie bis hierher durchgehalten haben, dürften Sie jetzt ziemlich fit sein. Damit Sie das auch bleiben, sollten Sie regelmäßig üben, am besten täglich. Das geht bei allen möglichen Gelegenheiten und in jeder noch so kurzen Pause. Sie könnten zum Beispiel Folgendes tun:

1. Achten Sie auf die Sprache.
   Hören Sie zu und schauen Sie hin, etwa beim Nachrichtenhören oder beim Zeitunglesen. Sie werden erstaunt sein, was Sie alles entdecken: den Konjunktiv in der indirekten Rede, Satzklammern, unterschiedliche Satzmuster. So können Sie das, was Sie gelernt (und möglicherweise als sehr theoretisch empfunden) haben, konkret und praktisch anwenden.

2. Fragen Sie sich selbst ab.
   Halten Sie immer mal inne und fragen Sie: *Warum wird dieses Wort großgeschrieben? Warum steht hier ein Komma? Was für ein Satz liegt hier vor?* Dadurch verfestigen Sie Ihr Wissen.

3. Bilden Sie Beispiele.
   Beispiele und Gegenbeispiele kommen oft besser an als lange Erklärungen. Das kann man gut beim Unterrichten nutzen. Daneben bieten sie auch einen Vorteil für das eigene Geschick: Beispiele machen kreativ und wendig im Umgang mit der Sprache.

Literaturtipps

Die folgenden Tipps sind eine kleine und noch dazu subjektive Auswahl. Hier die Reihenfolge:

1. Grammatik
2. Lexika Sprache
3. Zweifelsfälle
4. Sprachschule
5. Zum weiteren Üben
6. Zum Vergnügen
7. Internetadressen

1. Grammatik

Duden 4: Die Grammatik. 8., überarbeitete Auflage. Mannheim u. a.: Dudenverlag, 2009.

Helbig, Gerhard, und Joachim Buscha. *Deutsche Grammatik: Ein Handbuch für den Ausländerunterricht*. München: Langenscheidt, 2001.

Die Duden-Grammatik mit ihren 1.343 Seiten ist sehr detailliert und bietet sich vor allem zum Nachschlagen an. Buscha/Helbig mit 654 Seiten wurde für diejenigen konzipiert, die Deutsch als Fremdsprache lernen. Doch gerade der Blick von außen lässt auch in der Muttersprache einiges klar werden. Mit welcher Grammatik *Sie* am besten arbeiten, das können Sie nur selbst feststellen, und zwar im Vergleich. Überlegen Sie sich ein, zwei Testfragen und sehen Sie, wo Sie am einfachsten zum Ziel gelangen.

2. Lexika Sprache

Bußmann, Hadumod, Hrsg. *Lexikon der Sprachwissenschaft*. 4., durchgesehene und bibliographisch ergänzte Auflage unter Mitarbeit von Hartmut Lauffer. Stuttgart: Kröner, 2008.

Glück, Helmut, Hrsg. *Metzler Lexikon Sprache*. 4., aktualisierte und überarbeitete Auflage. Stuttgart: Metzler, 2010.

Diese Lexika helfen Ihnen weiter, wenn Sie nicht sicher sind, was genau unter einem sprachlichen Fachbegriff zu verstehen ist. Statt der unzähligen Treffer, wie Google sie ermittelt (und Ihrer Prüfung überlässt!), bekommen Sie hier *eine* Antwort. Die ist knapp, zuverlässig und in der Regel mit Verweisen ausgestattet, mit denen Sie sich weiter vorarbeiten können.

3. Zweifelsfälle

Duden 9: Richtiges und gutes Deutsch: Das Wörterbuch der sprachlichen Zweifelsfälle. 7. Auflage. Mannheim: Dudenverlag, 2011.

Dieser Band enthält gesammelte Zweifelsfälle, und zwar nicht irgendwelche Spitzfindigkeiten oder Ausnahmekonstruktionen, sondern Fragen, wie sie tatsächlich immer wieder auftauchen.

4. Sprachschule

Heuer, Walter, Max Flückiger und Peter Gallmann. *Richtiges Deutsch: Vollständige Grammatik und Rechtschreiblehre*. 30., überarbeitete Auflage. Zürich: Verlag Neue Zürcher Zeitung, 2013.

Reiners, Ludwig. *Stilfibel. Der sichere Weg zum guten Deutsch*. München: dtv, 2009.

Richtiges Deutsch war ursprünglich ein Lehrwerk für Schriftsetzer und Korrektoren; mittlerweile ist es das Standardwerk in der Schweiz und interessant für alle, die sich in die Rechtschreibung vertiefen möchten. Die *Stilfibel* wurde erstmals 1951 veröffentlicht, mag also vom Stil her altmodisch wirken. Die Inhalte sind nach wie vor aktuell.

5. Zum weiteren Üben

Dreyer, Hilke, und Richard Schmitt. *Lehr- und Übungsbuch der deutschen Grammatik*. München: Hueber, 2014.

Hoffmann, Monika. *Deutsch üben fürs Studium*. utb 3468. Paderborn: Schöningh, 2011.

Der Titel von Dreyer/Schmitt richtet sich an Personen, die Deutsch als Fremdsprache lernen. *Deutsch üben fürs Studium* ist der Begleitband zu *Deutsch fürs Studium: Grammatik und Rechtschreibung* (3. Auflage 2015) und bietet Ihnen auf 117 Seiten Übungen zu den Fragen, die Ihnen beim Schreiben Ihrer wissenschaftlichen Arbeiten regelmäßig begegnen.

6. Zum Vergnügen

Everett, Daniel. *Das glücklichste Volk: Sieben Jahre bei den Pirahã-Indianern am Amazonas*. Aus dem Englischen von Sebastian Vogel. München: Deutsche Verlags-Anstalt, 2009.

Der Ethnologe und Linguist Daniel Everett erzählt vom Leben der Pirahã-Indianer im brasilianischen Urwald. Er zeigt, wie deren Sprache und Weltbild miteinander zusammenhängen, und macht mit seinen Beobachtungen und Überlegungen Sprache zu einem wahren Abenteuer.

7. Internetadressen

http://www.canoo.net/
canoonet ist ein umfassender und kostenloser Sprachservice der Schweizer Canoo Engineering AG. Er bietet Grammatik, Wörterbücher und Sprach-Blog, alles in gut zugänglicher Aufmachung.

http://www.duden.de/
Hier haben Sie kostenlosen Zugang zum Online-Wörterbuch von Duden, Darin finden Sie Angaben zur Bedeutung, Aussprache, Herkunft und Grammatik der Wörter.

http://www.dwds.de/
Dies ist das *Digitale Wörterbuch der deutschen Sprache*, ein Wortauskunftssystem zur deutschen Sprache in Geschichte und Gegenwart. Es ist schon allein deshalb hilfreich, weil Sie die gesuchten Wörter in zahlreichen echten Beispielen angewendet sehen.

http://hypermedia.ids-mannheim.de/
Unter dieser Adresse finden Sie Grammis, das grammatische Informationssystem des Instituts für Deutsche Sprache (IDS).

http://wortschatz.informatik.uni-leipzig.de/
Dies ist das Wortschatz-Portal der Uni Leipzig. Hier finden Sie Anwendungsbeispiele aus öffentlich zugänglichen Quellen.

Quellenverzeichnis

Die folgenden Titel wurden zur Gestaltung der Beispiele und Übungen herangezogen.

Dritte Lektion

- Zusak, Markus. *Die Bücherdiebin*. Deutsch von Alexandra Ernst. München: Blanvalet, 2009.

Vierte Lektion

- Mößner, Wolfgang. *Prüfung und Praxis Fachverkäuferin Bäckerei/Konditorei*. 11. Auflage. Stuttgart: Matthaes Verlag, 2014.

Sechste Lektion

- Herrndorf, Wolfgang. *Tschick*. Berlin: Rowohlt, 2010.

Stichwortverzeichnis